# 십계명
## 행복으로 가는 길

| 김호진 지음 |

쿰란출판사

## 머리말

십계명은 하나님이 세상을 만드시고 하나님의 자녀 된 우리가 이 땅에서 행복한 삶을 살아가도록 주신 하늘의 양식이고 축복의 샘입니다. 십계명은 오늘을 살아가는 우리에게 영원한 진리의 말씀으로, 이 시대에 신앙적 세계관과 가치관을 가지고 삶의 자리를 견고하게 하는 생명의 지시표라고 말할 수 있습니다. 이렇게 소중하고 귀한 십계명을 부족한 종이 새롭게 지침서로 쓸 수 있도록 힘이 되어 주시며 여기까지 키워 주신 주님께 모든 영광을 올려 드립니다.

이 책은 그동안 고등학교 수업시간에 학생들과 나누었던 십계명에 관한 내용들을 히브리어 원어를 배경으로 본 뜻에 정확하게 접근해서 청소년들뿐만 아니라 장년부의 신앙교육 교재로도 좋은 안내서가 되도록 새롭게 정리한 것입니다.

한편 그동안 존경하는 목사님들의 신학적인 연구와 말씀들을 모아 왔던 다양한 자료들을 참고하다 보니 정확한 출처를 밝히지 못한 부분에 대해서 죄송한 마음이 있습니다.

그리고 부족한 종이 오늘에 있기까지 스승이 되어 주신 임진래 목사님, 한혁주 목사님, 고(故) 오희석 목사님, 한홍석 목사님, 김유수 목사님께 감사를 드립니다. 또한 학교법인 영광학원의 이사장이신 안이실 권사님과 군산영광중학교, 군산영광여자고등학교 모든 교직원들께 감사를 드리며, 영안교회 이현철 장로님, 손성욱 장로님, 최영수 목사님, 김충 목사님, 제가 섬기는 학교의 전 교장선생님이셨던 김경곤 장로님과 영안교회 모든 성도님들께도 진심으로 감사를 드립니다. 특별히 평생 이 부족한 아들을 위해 희생하신 부모님과 힘이 되어 준 동생들의 가정과 사랑하는 두 아들 성민, 영민이와 아내에게도 감사한 마음을 전합니다.

바라기는 여기에서 십계명을 해석하고 나누는 내용들이 우리 모두의 삶을 더욱 풍성하게 하는 말씀이 되고, 더 나아가서는 우리의 삶을 보다 아름답게 하며 행복한 길이 펼쳐지게 하는 지침서가 되기를 소망합니다.

2015년 8월
군산영광여고 교목실에서 **김호진**

## 목 차

머리말 … *2*

**십계명** 창문 열기
    하늘의 양식 … *8*
    사랑의 이중 계명 … *9*
    두 가지 약속 … *11*

**제일은,** 너는 나 외에는 다른 신들을 네게 두지 말라
    유일하신 하나님 … *19*
    왜곡된 신의 개념 … *22*
    하나님 외에 다른 신은 없음 … *25*
    창조주 하나님의 위대하심 … *28*

**제이는,** 너를 위하여 새긴 우상을 만들지 말라
    하나님을 만들지 말라 … *41*
    저주가 아닌 복 주시는 하나님 … *44*
    성경의 우상숭배 … *47*
    한국적인 미신과 우상숭배 … *52*

## 제삼은, 너는 네 하나님 여호와의 이름을 망령되게 부르지 말라

하나님 이름의 존귀함 … *63*
하나님 이름으로 맹세와 저주 … *66*
장애는 하나님의 저주가 아님 … *70*
거룩하신 이름에 합당한 삶 … *73*


## 제사는, 안식일을 기억하여 거룩하게 지키라

안식일을 기억하라 … *85*
주일은 하나님의 언약의 표지 … *89*
안식일에서 주일로 … *91*
부활절인 주일 … *95*


## 제오는, 네 부모를 공경하라

부모를 공경하라 … *107*
성경에서의 효의 모델 … *110*
유교의 제사와 명당을 통한 효 … *114*
행복한 가정이란? … *120*


## 제육은, 살인하지 말라

생명의 소중함 … *131*
살인이라고 할 수 없는 것 … *133*
생명의 주인은 하나님 … *142*
자살하면 지옥에 가는가? … *148*

### 제칠은, 간음하지 말라

거룩함을 파괴하는 간음 ··· *159*
바른 부부의 길 ··· *161*
독신, 이혼, 재혼 ··· *168*
창조질서를 파괴하는 성(性) ··· *175*

### 제팔은, 도둑질하지 말라

도둑질은 범죄 행위 ··· *189*
불로소득의 행위가 도둑질 ··· *192*
하나님의 것을 도둑질하는 것 ··· *196*
이웃의 것을 도둑질하는 것 ··· *205*

### 제구는, 네 이웃에 대하여 거짓 증거하지 말라

거짓말로 증언하지 말라 ··· *217*
성경의 거짓 증인 ··· *219*
사탄의 속임수, 거짓말 ··· *223*
거짓말의 유형 ··· *226*

### 제십은, 네 이웃의 집을 탐내지 말라

마음의 탐욕을 버리라 ··· *241*
탐욕은 모든 죄의 근원 ··· *243*
자족하는 삶의 비결 ··· *247*
감사를 선택하는 사람 ··· *250*

# 십계명

## 창문 열기

출애굽기 20장 1-17절

1 하나님이 이 모든 말씀으로 말씀하여 이르시되 2 나는 너를 애굽 땅, 종 되었던 집에서 인도하여 낸 네 하나님 여호와니라 3 너는 나 외에는 다른 신들을 네게 두지 말라 4 너를 위하여 새긴 우상을 만들지 말고 또 위로 하늘에 있는 것이나 아래로 땅에 있는 것이나 땅 아래 물 속에 있는 것의 어떤 형상도 만들지 말며 5 그것들에게 절하지 말며 그것들을 섬기지 말라 나 네 하나님 여호와는 질투하는 하나님인즉 나를 미워하는 자의 죄를 갚되 아버지로부터 아들에게로 삼사 대까지 이르게 하거니와 6 나를 사랑하고 내 계명을 지키는 자에게는 천 대까지 은혜를 베푸느니라 7 너는 네 하나님 여호와의 이름을 망령되게 부르지 말라 여호와는 그의 이름을 망령되게 부르는 자를 죄 없다 하지 아니하리라 8 안식일을 기억하여 거룩하게 지키라 9 엿새 동안은 힘써 네 모든 일을 행할 것이나 10 일곱째 날은 네 하나님 여호와의 안식일인즉 너나 네 아들이나 네 딸이나 네 남종이나 네 여종이나 네 가축이나 네 문 안에 머무는 객이라도 아무 일도 하지 말라 11 이는 엿새 동안에 나 여호와가 하늘과 땅과 바다와 그 가운데 모든 것을 만들고 일곱째 날에 쉬었음이라 그러므로 나 여호와가 안식일을 복되게 하여 그날을 거룩하게 하였느니라 12 네 부모를 공경하라 그리하면 네 하나님 여호와가 네게 준 땅에서 네 생명이 길리라 13 살인하지 말라 14 간음하지 말라 15 도둑질하지 말라 16 네 이웃에 대하여 거짓 증거 하지 말라 17 네 이웃의 집을 탐내지 말라 네 이웃의 아내나 그의 남종이나 그의 여종이나 그의 소나 그의 나귀나 무릇 네 이웃의 소유를 탐내지 말라

# 창문 열기

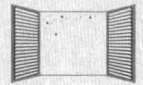

## 하늘의 양식

십계명은 하나님이 세상을 만드시고 하나님의 자녀 된 우리가 이 땅에서 행복한 삶을 살아가도록 주신 하늘의 양식이며 축복의 샘이라 말할 수 있습니다. 십계명은 하나님의 자녀 된 우리를 푸른 초장, 맑은 물가로 인도하시는 하나님의 사랑과 은혜가 있는 생명의 터전입니다.

하나님께서 이스라엘 백성들을 출애굽하게 하신 뒤, 그들은 가나안 땅을 향하여 나아가지만 그곳에 들어가지 못하고 광야에서 40년을 보내게 됩니다. 그때 하나님께서는 이스라엘 백성들에게 어떻게 살아야 하는지 삶의 원리와 기준이 되는 십계명을 모세를 통해 돌판에 새겨 주셨습니다. 하나님의 백성 이스라엘에게 미래의 자유와 평안을 누릴 수 있는 길을 십계명을 통해 제시해 주신 것입니다. 즉, 하나님의 권세 아래 살아가고 그 뜻에 순종하며 생활해야만 평안과 행복이 있음을 말씀하십니다. 이처럼 십계명은 구속의 은총을 베푸신 하나님의 선물입니다.

## 사랑의 이중 계명

성경은 하나님의 사랑을 해석해 놓은 책이라고 말할 수 있습니다. 십계명은 바로 하나님의 사랑을 만나게 하고, 이웃을 향한 사랑을 만나게 합니다. 그래서 마틴 루터는 "십계명을 온전히 아는 사람은 성경 전체를 아는 것이다"라고 말했습니다.

성경에서 십계명을 담고 있는 그릇을 율법이라고 말하는데, 율법은 총 613가지로 그 중 248가지 계명은 '하지 말라'는 부정 명령이고, 365가지 계명은 '하라'는 긍정 명령입니다. 이 율법의 계명을 집약한 것이 바로 십계명입니다.

또한 예수님은 이 십계명을 사랑의 이중 계명으로 정리해 주셨습니다.

> "예수께서 이르시되 네 마음을 다하고 목숨을 다하고 뜻을 다하여 주 너의 하나님을 사랑하라 하셨으니 이것이 크고 첫째 되는 계명이요 둘째도 그와 같으니 네 이웃을 네 자신같이 사랑하라 하셨으니 이 두 계명이 온 율법과 선지자의 강령이니라"(마 22:37-40).

그런데 십계명은 바로 이 예수님의 이중 계명과 같이 그 내용에 따라 크게 두 부분으로 나눌 수 있습니다. 첫 번째 계명부터 네 번째 계명까지는 하나님과 사람 사이의 관계에 대해서 말씀하고 있고, 다섯 번째 계명부터 열 번째 계명까지는 사람과 사람 사이의 관계에 대해서 말씀하고 있습니다. 전자가 수직적인 의무를 가르치고 있다면, 후자는 수평적인 의무를 가르치고 있습니다.

알베르트 슈바이처(Albert Schweitzer)는 "기독교의 최대 이단은 가르침과 교리의 오류가 아니라 사랑하지 않는 것이다"라고 말했습니다. 주위에 많은 사람들을 보면 하나님은 잘 믿는데 이웃이 없는 사람이 있고, 이웃은 있는데 하나님은 없는 사람이 있습니다. 이웃은 있지만 화려한 이웃만 있고 봉사할 이웃, 섬겨야 할 이웃이 없는 사람이 있습니다. 병들고 헐벗고 가난한 이웃이 없다면 그 삶은 참으로 하나님 앞에 복된 삶이 될 수 없습니다.

이웃을 내 몸과 같이 사랑하는 그 자리에 하나님의 숨겨진 보화가 있습니다. 우리는 사랑의 이중 계명을 기억하고 위로 하나님을 사랑할 뿐 아니라 이웃도 그와 같이 사랑하고 아끼며 섬기는 삶을 살아가야 합니다.

## 두 가지 약속

십계명에는 두 가지의 약속이 들어 있습니다. 첫 번째는 하나님과 사람의 관계에서 제2계명에 "우상을 섬기는 자에게는 죄를 갚되 삼사 대까지 이르게 하거니와 나를 사랑하고 내 계명을 지키는 자에게는 천 대까지 은혜를 베푸느니라"라는 약속이 있습니다.

하나님은 만물을 창조하시고 다스리시는 분입니다. 인간은 온 천지만물을 창조하시고 다스리시는 분을 떠나서는, 이 모든 생명 세계와 우주를 주관하시는 분을 떠나서는 결코 잘될 수가 없습니다. 천지만물을 창조하신 하나님을 잘 믿고, 경외하고, 믿음으로 살면 평생 동안 하나님께서 복을 내려 주시는 것입니다. 하나님께서는 하나님을 잘 믿고 경외하면 우리의 소원을 이루어 주시고, 우리 모든 삶을 인도해 주신다고 말씀하셨습니다.

두 번째는 사람과 사람 사이의 관계에서 제5계명에 "네 부모를 공경하라. 그리하면 네 여호와가 네게 준 땅에서 네 생명이 길리라"라는 약속이 있습니다. 성경에 나타난 믿음의 사람들은 모두 효도하는 자녀들이었습니다. 효도하는 사람이 믿음의 사람입니다. 효도를 떠난 믿음은 없습니다. 우리는 무엇보다 세상의 그 많은 부모 중에 나에게 생명을 주신 그분의 아들딸 된 것을 최고의 자랑과 영광으로 알고 섬겨야 합니다. 그럴 때 이 땅에서 형통하는 길이 열리게 되는 것입니다.

하나님은 우리가 "네 부모를 공경하라"는 말씀에 순종하는 주인공이 될 때 이 땅에서 건강과 장수가 주어지고, 범사가 형통하고, 이후에도 자손 대대로 이 말씀의 복이 영원토록 이루어질 것을 약속하십니다.

십계명의 두 약속의 말씀이 우리의 삶 가운데 이루어져서 이 땅에서 건강과 장수의 복을 누리고, 자손 대대로 천 대까지 은혜를 베푸시는 복을 누린다면 얼마나 큰 복이고 영광이 되겠습니까!

하나님께서 최초로 직접 기록하여 주신 십계명을 간직하고 지켜 나가는 믿음의 사람이 되어서 행복의 물결이 차고 넘치는 약속의 주인공들이 되시기를 바랍니다.

십계명은 모세를 통해 선택 받은 선민 이스라엘 백성에게 주신 계명입니다. 우리는 이방인이었지만 예수님을 믿음으로 하나님의

백성인 선민이 되었습니다. 따라서 십계명은 우리에게 구원의 수단으로 이해되지 않고, 구속함을 받은 자의 일상적인 삶이 어떠한 형태를 취해야 하는가에 대한 가르침이라고 할 수 있습니다. 십계명은 하나님께서 우리에게 마땅히 되어야 할 사람들로서 어떻게 행동하기를 원하시는지를 보여주고 있습니다.

윌리어드(G. W. Williard)는 "십계명은 인간에게 주어진 모든 법의 어머니"라고 말했습니다. 십계명은 인간의 도덕률의 근본이며 기독교 윤리의 근본으로, 입법자는 하나님 자신입니다. 그런 의미에서 이 계명은 단순한 율법이 아니라 하나님의 법, 곧 신률(神律) 또는 천률(天律)인 것입니다. 그러기에 인류 역사상 십계명처럼 큰 영향력을 준 메시지는 없습니다.

이처럼 십계명은 시대가 흘러도 망각될 수 없는 계속적인 메시지로 우리들의 마음의 문을 두드리고 있습니다. 오늘 우리가 천국을 향한 믿음의 사람이라면 십계명을 삶의 표준으로 삼고, 항상 말씀 앞에 자신의 삶을 비추어 봄으로써 죄를 깨닫고 회개하며 주님 앞에 날마다 나아가는 길잡이로 삼아야 할 것입니다.

신명기 5장 1절에서 모세는 이스라엘 백성들을 향해 "이스라엘아 오늘 내가 너희의 귀에 말하는 규례와 법도를 듣고 그것을 배우며 지켜 행하라"고 말했습니다. 즉, 하나님이 우리에게 십계명의 말씀을 주신 목적은 단지 우리가 그것을 듣고 그 내용을 이해하도록 하기 위한 것이 아니라 우리가 그 말씀을 따라 변화되고, 그로 인해 우리가 하나님께 바치는 순종을 인정하실 수 있게 하기 위한 것임을 알아야 합니다.

오늘날 우리의 시대가 급변하고 문화가 거듭해서 변화되어도 우리는 구원받은 하나님의 자녀로서 하나님의 말씀의 권위가 땅에 떨어지지 않도록 준행하고자 하는 열망을 가지고 살아가야 합니다.

인생의 길에는 좁은 길도 있고 넓은 길도 있습니다. 좁은 강과 넓은 바다도 있습니다. 낮고 높은 산도 있습니다. 그러나 그 길을 만드시고 인도하시는 하나님의 손을 붙잡고 그분의 음성에 귀기울이고 그 품 안에 살아가면 행복의 문이 열리게 될 것입니다.

십계명은 하나님의 뜻 안에서 우리들을 행복의 길로 인도하는 영원한 절대 진리의 말씀임을 기억하고 오늘을 살아가시기 바랍니다.

 ## 바람을 넣어 주는 파이프 오르간

옛날에 천재 음악가로 불리는 사람이 파이프 오르간을 연주하고 있었습니다. 파이프 오르간은 글자 그대로 파이프를 통하여 바람을 넣어서 소리는 내는 악기입니다. 오르간에 설치되어 있는 파이프 속으로 바람을 넣으면 그 파이프가 울리면서 소리를 내게 됩니다. 지금이야 자동장치가 되어 있지만 예전 오르간은 오르간 뒤쪽에 파이프로 계속해서 바람을 주입시켜야만 소리를 내고 연주를 할 수 있었습니다.

하루는 천재 연주자가 연주회 중간에 잠시 쉬기 위해 오르간 뒤쪽으로 갔는데 오르간 뒤에서 바람을 넣어 주던 노인이 밝은 표정으로 말했습니다.

"선생님, 오늘 우리들의 연주회는 아주 성공적이군요."

천재 음악가는 알 수 없다는 듯이 말했습니다.

"우리라니요? 오르간을 연주한 사람은 나인데 어떻게 우리들의 연주회입니까?"

그러자 노인이 말했습니다.

"선생님! 선생님이 연주하실 동안 저도 열심히 바람을 넣지 않았습니까?"

하지만 그 음악가는 지금까지 바람을 넣어 주어서 오르간에 소리가 나게 한 그 노인을 무시하고 비웃으며 나가 버렸습니다.

잠시 후 연주회가 다시 시작되었습니다. 천재 음악가는 손을 가다듬은 뒤 오르간 건반을 눌렀으나 이상하게도 소리가 나지 않았습니다. 건반을 더 세게 눌러 보았으나 역시 아무런 소리도 나지 않았습니다. 오르간 뒤에서 바람을 넣어 주던 그 노인이 천재 음악가의 말에 화가 나서 자리를 떴기 때문이었습니다.

음악회는 결국 관중들의 야유 속에 막을 내리고 말았습니다. 천재 음악가는 뒤에서 바람을 넣어 주던 노인의 공로를 생각하지 못하고 그동안 자기 혼자 잘난 줄로만 안 것입니다.

우리 인생도 마찬가지입니다. 하나님께서 은혜의 바람을 불어넣어 주셔야 건강의 소리가 나오고, 축복의 소리도 나오고, 가정의 웃음소리도 나오는 것입니다. 우리의 뒤에서 하나님이 배경이 되어 주지 아니하시면 어떻게 아름다운 인생으로 소리가 날 수 있겠습니까? 하나님이 물질을 주시고, 하나님이 좋은 길을 열어 주셔야 되는 것입니다.

우리의 모든 것은 하나님의 손에 있습니다. 하나님이 바람을 넣어 주셔야 되는 것이고, 하나님의 축복이 있을 때만이 인간은 가치 있고 바른길로 갈 수 있으며, 영광스러운 삶을 살아가게 되는 것입니다.

# 제일은,

너는 나 외에는 다른 신들을
네게 두지 말라

"너는 나 외에는 다른 신들을 네게 두지 말라"(출 20:3).

# 창문 열기

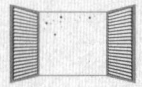

제1계명은 천지만물을 창조하시고 인류의 역사와 우리들의 생명을 주관하시는 하나님의 유일하심을 선포하시는 말씀입니다. 천지를 지으신 분도 하나님이시고, 우리를 이 땅 가운데 태어나게 하신 분도 하나님이시고, 이 세상에 살게 하신 분도 하나님이십니다. 우주 안의 모든 주권은 오직 하나님께만 있습니다.

우리의 육신과 영혼도 하나님의 사랑과 은혜 속에 살도록 만들어 주셨습니다. 로마서 11장 36절은 "이는 만물이 주에게서 나오고 주로 말미암고 주에게로 돌아감이라"라고 말합니다. 이 세상의 모든 만물과 인류는 하나님의 주권 아래 있습니다. 즉, 인간의 생각으로 만들어 낸 신들을 섬기지 말고, 오직 한 분 하나님을 바로 알고 바로 섬기며 우리 삶의 기준점으로 삼으라는 말씀입니다.

## 유일하신 하나님

### "너는 나 외에는"

히브리어 원문에 보면 '나 외에는'이란 말은 '알 파나야'인데, 이 뜻은 '나의 얼굴 가까이에' 즉 '나의 면전에서, 나의 앞에서'라는 뜻이고, '나보다 우선하여'라는 뜻으로도 해석될 수 있습니다.

'나 외에'라는 말은 다른 신들의 존재를 인정한다는 뜻이 아닙니다. 이스라엘 백성들이 애굽에서 430년간 머물면서 섬겼던 각종 우상과 거짓된 가상적인 신들을 말하는 것입니다. 신명기 6장 14절은 "너희는 다른 신들 곧 네 사면에 있는 백성의 신들을 따르지 말라"라고 말합니다. 이 말씀은 애굽의 문화 속에서 인간이 만들어 낸 어떠한 신적인 존재들에 대해서도 관용하거나 타협이 있을 수 없다는 것입니다.

신명기 4장 39절은 "그런즉 너는 오늘 위로 하늘에나 아래로 땅에 오직 여호와는 하나님이시요 다른 신이 없는 줄을 알아 명심하고"라고 말합니다. 즉 하나님을 섬기면서 동시에 인간들이 만들어 놓은 다른 신들을 섬길 수 없다는 절대적인 신앙의 원칙을 강조하고 있는 것입니다.

### "다른 신들을 네게 두지 말라"

히브리어로 '다른 신들'의 표현인 '엘로힘 아헤림'이라는 단어는 '여호와 하나님 외에는 단 하나라도 용납되거나 허용될 수 없다'는 의미를 가지고 있습니다. 영어성경에서는 "내 앞에 다른 신을 갖지 말라"(You shall not have other gods before me, NIV)고 말씀하고 있습니다. 즉, 다른 신들을 내 면전에 두지 말라는 것입니다. 다른 신들을 마음에 소유하지도 말고 섬기지도 말고, 너희와 나 사이에 다른 신들은 존재할 수 없다는 말씀입니다.

> "이스라엘아 들으라 우리 하나님 여호와는 오직 유일한 여호와이시니 너는 마음을 다하고 뜻을 다하고 힘을 다하여 네 하나님 여호와를 사랑하라"
> (신 6:4-5).

하나님은 기독교인들만의 신이 아니고 모든 인간과 피조물을 다스리는 신이십니다. 하나님은 많은 신들 가운데 하나의 신이 아니라 유일하신 창조주이시며 세상과 인간의 주인이시기에, 오직 여호와 하나님만 경배하고 섬길 것을 명령하시는 것입니다.

구약성경의 종교적인 배경을 보면 우상이 범람하던 시대였습니다. 각 지역의 성읍과 도시와 나라마다 섬기는 신들이 있었습니다. 제각기 그들의 수호신도 섬겼습니다. 가나안 땅의 원주민들은 바알과 그 배우자인 여신 아세라를 섬겼고, 모압 지방은 그모스, 암몬 사람들은 밀곰과 몰록, 시돈 지방은 여신인 아스다롯을 섬겼고, 블레셋 사람들은 다곤을 섬겼습니다. 그 외에도 수많은 신들과 태양과 달 등 다양한 신들을 섬겼습니다.

이스라엘 백성들이 출애굽하여 가나안 땅을 눈앞에 두고 있는데, 그곳 사람들은 농경문화를 배경으로 한 바알 신과 그의 아내 아세라 여신을 섬기고 있었습니다. 바알은 '주인'이라는 뜻을 가지고 있습니다. 바알은 돌로 만들었고 아세라는 나무로 만들어 세웠습니다. 그래서 바알의 신상을 깨뜨리고 아세라 목상은 찍어 없애라고 말씀했습니다.

바알은 농사에 있어서 가장 중요한 비를 주관하고 농산물과 가축을 번성하게 하는 다산(多産)의 신이었습니다. 그들은 바알과 그의 아내 아세라가 성적으로 결합함으로 땅에 비가 내리게 되고 대지의 식물들은 다시 생명을 얻게 된다고 믿었습니다. 더 나아가서 그들은 바알과 아세라 사이에 행해지는 성적 행위를 사람들이 모방해서 행하면 신들의 행위와 똑같은 결과로 땅에서도 다산과 번성을 가져올 수 있다고 믿어 어리석게도 신전창기제도(cultic prostitution)를 만들었습니다. 그래서 바알 신전에는 '신전창기'와 '미동'들이 있었고, 온갖 음란한 행위가 바알의 이름으로 행해지게 되었습니다.

바로 이러한 성적인 유혹이 이스라엘 백성들을 바알 종교의 올무에서 벗어나지 못하게 하는 원인이 되었습니다. 호세아 선지자는 바알의 유혹에서 벗어나지 못하는 이스라엘 백성들을 향해 "이 나라가 여호와를 떠나 크게 음란함이니라"(호 1:2)고 했습니다. 바알 종교는 신앙적으로는 말할 것도 없고 윤리적으로도 용서받을 수 없는 심각한 죄였던 것입니다.

그렇기 때문에 우리가 하나님을 한 분이시라고 고백하는 것은 내 마음을 지배하시는 주인도 오직 하나님 한 분이셔야 한다는 것입니다. 이것은 하나님 외에는 세상의 그 무엇도 우리의 마음의 주인이 되어서는 안 되며, 내 삶의 모든 영역에서 하나님이 우선시되고 하나님께로 향해 있어야 한다는 것입니다.

## 왜곡된 신의 개념

우리 주변에는 자기만의 논리와 사고로 왜곡된 다신론, 범신론, 무신론, 종교다원주의에 빠져 있는 사람들이 많이 있습니다.

### 다신론(多神論)

다신론은 하나님을 믿는 믿음 위에 다른 종교의 신을 덤으로 없어서 경배하고 섬기는 것입니다. 여러 종교들을 찾아가서 기도하여 무슨 일이든지 잘되면 좋은 것이 좋은 것 아니냐 하는 개념의 시각입니다.

바로 이러한 신앙을 종교혼합주의(syncretism)라고 합니다. 이스라엘 백성들은 하나님을 섬기는 동시에 바알 신도 새로운 신으로 받아들이며 여러 다른 신들과 함께 섬겼습니다. 인간적으로는 그럴듯해 보이지만 사실은 하나님의 질투와 분노를 촉발시키는 심판의 결과를 가져오게 되는 것입니다.

### 범신론(汎神論)

범신론은 풀 한 포기에도 신이 있다고 믿으며 우주와 세계, 자연의 모든 것을 신이라고 생각합니다. 그래서 자연이 곧 신이고 인간이 곧 신이라고 생각하며, 하나님이 만드신 피조물들을 하나님과 동일시하는 것입니다. 신을 형체가 있는 모든 것의 전체로 보기 때문에 유물론에도 가깝습니다.

한국과 일본, 인도를 포함한 아시아 전반에 걸친 민속종교나 샤머니즘도 범신론이라고 볼 수 있습니다. 범신론은 창조주와 피조물을 혼동하여 하나님을 피조물로 전락시키는 잘못된 신관입니다. 즉, 화가가 그린 작품을 화가로 보는 것과 같습니다. 그러나 작품에 화가의 솜씨가 담겨 있을지언정 그 작품이 화가는 아닙니다. 우리는 하나님이 만드신 자연이나 동물들, 즉 피조물들을 통해서 하나님의 능력과 지혜와 솜씨를 노래할 뿐입니다.

### 무신론(無神論)

무신론은 신의 존재 자체를 인정하지 않고 신을 비롯한 모든 영적인 존재를 부정하는 것을 말합니다. 이것은 말 자체에 문제가 있습니다. 무신론은 신이 없는 것을 증명해야 하는데, 없는 것을 증명할 수 없기 때문에 무신론이라는 말 자체가 잘못된 것입니다.

심리학자 칼 융(Carl Jung)은 "사람들의 여러 의식 가운데 가장 강렬한 의식은 신(神) 의식이다. 그리고 이것은 무신론자의 마음 속에서도 그렇다"라고 말했습니다. 무신론자들은 신이 없다는 것을 증명하기 위해서 많은 세월을 보내야 하는데, 그러기 위해서는 주야로 신을 묵상해야 합니다. 그들의 마음에서 절대로 벗어 버릴 수 없는 의식이야말로 신 의식입니다.

무신론은 아름다운 정원이 있는데 정원사가 없고, 자동차는 달리고 있는데 운전하는 사람이 없다는 말과 같습니다. 그래서 시편 14편 1절은 "어리석은 자는 그의 마음에 이르기를 하나님이 없다 하는도다"라고 말합니다.

### 종교다원주의(宗教多元主義)

종교다원주의란 인간이 하나님에게 이르는 길은 여러 갈래가 있을 수 있다는 주장을 뜻합니다. 즉 예수님을 통해서 하나님을 만나지만 이슬람교나 불교 등 여러 다른 종교들을 통해서도 구원을 받을 수 있다는 것입니다.

이슬람교나 불교 등 기타 다른 종교들도 나름대로의 정당한 구원의 길을 가지고 있기에 기독교도 다른 종교들을 인정하고 존중해야 한다고 말합니다. 유일하신 하나님을 다신(多神) 중의 한 신으로 인정하라는 것입니다.

종교다원주의는 모든 종교는 서로 다름이 없고 구원은 하나라고 주장하는 잘못된 사상입니다.

## 하나님 외에 다른 신은 없음

하나님은 천지만물을 창조하시고 인류역사를 주관하시는 살아 계신 하나님이십니다. 창조계 안에는 하나님 이외에 살아 있는 다른 신은 존재하지 않습니다. 그러나 하나님은 아니지만 마치 하나님처럼 인간들로 하여금 두려워 떨게 만들며 경배하게 만드는 거대한 어떤 힘이 존재하는 것은 사실입니다. 우리가 말하는 이방 신들이란 바로 이런 거대한 어떤 힘이 인격화되고 형상화되어 모양을 띠고 나타난 것입니다.

예를 들어, 동물이나 바다나 번개나 바위 등도 인간에게 공포심을 유발합니다. 언제든지 신이라는 이름으로 형상화되어 인간에게 나타날 수 있습니다. 그리고 이런 힘들의 배후에는 그것들을 이용하여 인간을 미혹시키려는 사탄의 영들이 존재합니다. 그러나 창조계 안에는 하나님 이외에 살아 있는 다른 신은 존재하지 않습니다.

> "하나님은 한 분이시요 또 하나님과 사람 사이에 중보자도 한 분이시니 곧 사람이신 그리스도 예수라" (딤전 2:5).
>
> "예수께서 이르시되 내가 곧 길이요 진리요 생명이니 나로 말미암지 않고는 아버지께로 올 자가 없느니라" (요 14:6).
>
> "다른 이로써는 구원을 받을 수 없나니 천하 사람 중에 구원을 받을 만한 다른 이름을 우리에게 주신 일이 없음이라 하였더라"(행 4:12).

하나님께서는 우리 인간을 사랑하겠다고 하신 약속을 예수 그리스도를 통해 이루셨습니다. 예수님은 인간의 모든 질병과 저주와 허물을 대신 담당하시고 해결해 주셨습니다. 예수님 안에서만 죄와 질병과 저주에서 자유로울 권리가 주어진 것입니다.

신앙생활이란 주님을 내 안에 모시고 예수 그리스도로부터 오는 힘과 능력으로 살아가기 위해서 힘쓰고 노력하는 것입니다. 이 땅 가운데 나의 영원한 도움이 되시는 분은 예수 그리스도밖에 없습니다. 예수님만이 나의 영원한 힘이고 능력이고 배경이 되십니다.

하나님은 천지만물을 창조하신 분이십니다. 천지만물이 하나님에게서 나왔으며, 하나님은 그 모든 만물을 우리에게 주시며 소유하고 정복하고 다스리며 사용하라고 하셨습니다. 그러므로 하나님이 지으신 피조물들에 의미를 부여하고 숭배하는 일은 하나님 앞에 절대로 있을 수 없는 일임을 알아야 합니다.

오늘 우리에게 주시는 제1계명인 "너는 나 외에는 다른 신들을 네게 두지 말라"는 말씀에는 우리가 하나님의 뜻과 섭리와 사랑 안에 있다면 하나님은 언제나 우리를 도우시고 책임져 주신다는 약속이 담겨 있습니다. 우리는 그 하나님을 믿고 내가 그분의 자녀가 된 것을 최고의 영광으로 알고, 일평생을 내 삶의 전 영역에 하나님 외에 다른 신들이 존재할 수 없음을 선포하며 살아갈 수 있어야 할 것입니다.

## 창조주 하나님의 위대하심

성경은 천지만물과 인간을 창조하시고 섭리하시는 하나님의 구원 계획에 대해서 말씀하고 있습니다. 성경의 첫 시작인 창세기 1장 1절은 "태초에 하나님이 천지를 창조하시니라"는 말씀으로 시작합니다. 하나님이 만드신 우주의 기원과 인간 생명의 시작에 관해서는 어느 누구도 그 신비함과 위대함을 증명할 수 없습니다. 우리가 말하고 있는 과학은 현상적 세계와 경험을 분석하고 해석해 줄 수는 있지만 그 놀라운 신비와 섭리를 증명할 수는 없습니다.

그런데 진화론자들은 다른 입장을 취하고 있습니다. 우주의 기원을 두고 '창조냐 진화냐'에 대한 논쟁은 19세기 중엽까지 하나님에 의해 창조되어 하나님의 섭리에 의해 운행되고 있음을 부인하지 않았습니다. 그러나 1859년 찰스 다윈(Charles Robert Darwin)이 《종의 기원》을 통하여 모든 동물과 식물은 어떤 하나의 원형에서 나왔다고 하는 가설을 체계화함으로 창조론은 도전받기 시작했습니다.

그런데 이러한 가설은 진화론이라는 이름으로 지난 200년간 정치, 경제, 사회, 문화, 철학, 교육 등 모든 학문 분야에 확산되어서 우주와 역사 그리고 인간의 과거와 미래를 보는 하나의 신념 체계로 종교처럼 확산되어 왔습니다. 특히 교육적으로는 진화론은 과학이고 창조론은 종교라는 통념으로 이해되어, 진화론은 중·고등학교 교과서에서 하나의 확증된 이론으로 '우주와 생명의 기원', '빅뱅과 기본 입자와 원자의 형성' 등 기초적인 가설들로 세계관 정립에 혼란을 주고 있습니다.

심지어 진화론은 신학에까지 영향을 주어 유신론적 진화론으로 성경의 권위를 추락시키고 있습니다. 유신론적 진화론은 하나님께서 창조사역 이후 수십억 년의 진화 과정을 허용하셨다는 논리로, 과거의 생물이 진화와 멸종을 겪으면서 인간까지 진화되었다고 말하는 것입니다. 진화론과 다를 바 없는 논리입니다.

우리가 배우고 말하고 있는 진화론은 항상 하나의 이론의 단계에 머물러 있을 뿐 많은 문제들이 아직 완전히 풀리지 않은 상태에 있습니다.

창조는 하나님의 영역이고 시·공간을 초월한 그분의 사역을 우리는 자세하게 알지도, 이해하지도 못합니다. 단지 드러나는 현상의 한계적인 상황에서 말하는 것이 전부입니다. 우주의 기원과 역사에 대해서 어떠한 과학적인 이론과 논리는 얼마든지 이야기할 수 있지만 창세기 1장 1절의 "태초에 하나님이 천지를 창조하시니라"라는 말씀의 열쇠로만 진정 해답을 찾을 수 있다는 사실입니다.

이렇게 창조하신 우주의 신비를 살펴보면, 우리가 사는 지구는 태양계의 중심에 있는 태양 주위를 365일 6시간 정도에 한 번

씩 돌고 있으며, 이 움직임은 수천 년이 지나도록 아주 근소한 오차 정도의 범위에서 변함이 없습니다. 우리가 어마어마한 별이라고 여기는 태양도 사실은 우주 공간에 널려 있는 셀 수 없는 수많은 별 가운데 하나이며 태양보다 큰 별들도 얼마든지 많이 있습니다.

우리가 보는 태양도 사실은 은하계의 중심을 축으로 은하계 주위를 공전하고 있는데, 그 공전주기가 2억 년이나 된다고 합니다. 아울러 우리가 사는 지구가 도는 속도는 무려 초속 10만km 가까이 됩니다. 그렇게 빨리 달리고 있지만 지구상 어떤 물체도 떨어져 대기권 밖으로 튀어 나가는 일이 없습니다.

하나님이 만드신 우주는 참으로 큽니다. 태양의 지름은 지구 지름의 약 109배로 약 140만km에 달하고, 태양의 부피는 지구의 130만 배이며 질량은 지구의 33만 배나 된다고 합니다. 태양의 온도는 표면이 6,000K이고 그 중심부는 15,000K나 된다고 합니다. 우리 눈에 태양이 조그마하게 보이는 이유는 태양과 지구의 거리가 너무 멀기 때문입니다. 그 거리는 약 1억 5천만km로 지구에서 달까지의 거리의 약 390배에 달한다고 합니다. 그리고 엡실론이란 별은 태양의 23억 배입니다. 지구는 하나의 행성입니다.

이렇듯 우주에는 수많은 천체들이 있습니다. 제1은하계에 5천억 개 이상의 별이 있고, 제2은하계에 5천억 개 이상의 별이 있습니다. 그것만 해도 1조 개가 넘습니다. 그런데 그런 은하계가 1천억 개가 넘는다고 합니다.

하나님은 큰 우주를 창조하시고 주관하시는 위대하신 분이십니다. 이와 같이 광활하고 놀라운 우주를 지으시고 지금도 운행하시는 분이 바로 창조주 하나님이십니다.

오늘날 과학이 발달했어도 아직까지도 이 우주의 신비로운 것을 3%밖에 발견하지 못했다고 합니다. 지금도 97%에 대해서는 무지한 것입니다. 인류 역사의 시작은 어떠한 과학적 지식과 사고와 논리로도 해답을 얻을 수 없습니다.

골로새서 1장 16-17절은 "만물이 그에게서 창조되되 하늘과 땅에서 보이는 것들과 보이지 않는 것들과 혹은 왕권들이나 주권들이나 통치자들이나 권세들이나 만물이 다 그로 말미암고 그를 위하여 창조되었고 또한 그가 만물보다 먼저 계시고 만물이 그 안에 함께 섰느니라"라고 말씀합니다.

행복으로 가는 길

하나님께서는 "너는 나 외에는 다른 신들을 네게 두지 말라"고 하셨습니다. 그런데 역으로 생각해 보면, 하나님을 사람이 만들어 낸 신들과 나란히 섬길 수 있다는 것을 내포하고 있습니다. 그러나 하나님은 어떤 다른 존재도 하나님 자신과 동등한 위치에 두지 말도록 엄격하게 명령하고 계심을 알아야 합니다. 어떤 사람에게는 그것이 사회적인 지위와 명예와 학문과 물질일 수도 있습니다. 그러므로 우리는 유일하신 하나님의 자리에 다른 어떤 것을 두거나 다른 가치들을 하나님과 같은 자리에 올려놓고 그것에 절대적인 가치를 부여하는 삶을 살지 않도록 조심해야 할 것입니다.

그렇기에 내 삶의 영역에서 하나님보다 우선시되어 하나님과 나란히 놓은 것이 있다면 과감하게 끊을 수 있어야 합니다. 세상의 그 무엇도 하나님의 자리까지 높이지 않도록 조심하고 깨어 기도함으로, 하나님 앞에서 신실한 자로 자신을 지켜야 합니다.

하나님은 우리에게 오직 하나님 한 분만 섬기라고 요구하고 계십니다. 우리는 분열되지 않는 하나의 마음으로 하나님을 사랑해야 합니다. 하나님께서 원하시는 대로 마음과 관심이 흩어지지 않은 깨끗하고 순결한 우리 자신을 하나님 앞에 드릴 수 있어야 합니다. 오직 하나님 한 분만을 나의 모든 생활에서 지표로 삼고 그분께 경배하는 삶을 살아야만 하는 것입니다.

영국의 유명한 왕 가운데 1016년부터 1035년까지 다스렸던 카누트 왕(Canute the Great)은 스웨덴과 덴마크까지 다 점령하고 대영제국을 크게 넓혔습니다. 모든 사람들과 신하들은 왕에게 면류관을 씌워 주면서 "이제 온 천하에 왕의 명령을 거역할 자는 아무도 없습니다" 하며 그를 경배하고 아첨을 했습니다. 이 말을 들은 왕이 신하들을 데리고 바닷가로 가서 소리를 질렀습니다.

"바다야, 조용히 해라."

바다가 그 말을 듣고 조용하겠습니까? 그럴 리가 없지요. 그러자 그는 빙그레 웃으면서 이렇게 말했습니다.

"보아라, 이 땅에 바다를 고요하게 할 수 있는 자가 누구냐? 오직 여호와 하나님만이 저 바다를 고요하게 하실 수 있는 것 아니냐? 이 세상에 참된 왕은 없느니라. 여호와 하나님만이 참된 왕이시니라."

그는 이 말을 남긴 후에 머리에서 조용히 왕관을 벗어서 내려놓았습니다. 그리고 "나는 한평생 왕관을 쓰지 않겠노라. 오늘부터 이 왕관을 나의 힘이 되시고 능력이 되시는 예수 그리스도께 바친다"라고 하면서 십자가상 위에 왕관을 걸어 놓고 하나님 앞에 기도함으로 나라를 잘 이끌었다고 합니다. 그래서 그가 벗어 버린 왕관이 지금까지 박물관에 보관되어 있다고 합니다.

누구도 이 땅에서 하나님의 영광을 가로챌 수 없습니다. 영광을 받으실 분은 오직 여호와 하나님 한 분뿐입니다. 가정 형편이 좋은 것 때문에, 좀 더 인물이 잘나고 좀 더 나은 직장에서 근무하고 있는 것 때문에 교만해서는 안 됩니다. 내 모든 왕관들을 하나님 앞에 올려놓고 무릎 꿇고 기도해야 합니다. 더 나아가서 세상의 어떤 명예나 권력이나 심지어 건강까지도, 그 무엇도 하나님보다 우선하여 우리의 마음속을 차지하게 해서는 안 됩니다. 우리의 모든 것으로 하나님을 사랑하는 일에 충성을 다해야 승리의 삶을 살아갈 수 있습니다.

제1계명은 하나님만이 이 세상에 살아 계신 유일한 하나님이라는 뜻입니다. 신명기 4장 39-40절은 "그런즉 너는 오늘 위로 하늘에나 아래로 땅에 오직 여호와는 하나님이시요 다른 신이 없는 줄을 알아 명심하고 오늘 내가 네게 명령하는 여호와의 규례와 명령을 지키라 너와 네 후손이 복을 받아 네 하나님 여호와께서 네게 주시는 땅에서 한없이 오래 살리라"고 말하고 있고, 하나님의 백성인 이스라엘의 유명한 '쉐마'인 신명기 6장 5절은 "너는 마음을 다하고 뜻을 다하고 힘을 다하여 네 하나님 여호와를 사랑하라"고 말하고 있습니다.

그러나 반대로 신명기 8장 19절은 "네가 만일 네 하나님 여호와를 잊어버리고 다른 신들을 따라 그들을 섬기며 그들에게 절하면 내가 너희에게 증거하노니 너희가 반드시 멸망할 것이라"고 했으며, 신명기 30장 17-18절도 "그러나 네가 만일 마음을 돌이켜 듣지 아니하고 유혹을 받아 다른 신들에게 절하고 그를 섬기면 내가 오늘 너희에게 선언하노니 너희가 반드시 망할 것이라 너희가 요단을 건너가서 차지할 땅에서 너희의 날이 길지 못할 것이니라"고 했습니다.

하나님께서는 우상숭배자를 반드시 저주하고 멸망시키신다고 말씀하셨습니다. 우리는 십계명을 주신 하나님의 절대적인 명령 앞에 십계명을 마땅히 지키고 준행하고자 하는 열망을 가지고 살아가야 합니다.

종교개혁자 마틴 루터가 그의 저서들 가운데 여러 번 쓰고 있는 '코람데오'(Coram Deo)라는 유명한 말이 있습니다. 코람(Coram)은 '~의 앞에서, 면전에서'라는 접두사이며, 데오(Deo)라는 말은 '하나님'을 뜻하는 말입니다. 합성어인 코람데오의 뜻은 '하나님 앞에 서'입니다. 그리스도인은 오직 하나님 앞에 서 있는 존재라는 것을 잊어서는 안 됩니다. 하나님 앞에 선 우리는 무엇을 하든지 오직 하나님만 바라보며 하나님을 의식하고 경건하게 살고자 하는 모습이 삶 속에 가득해야 합니다.

우리가 하나님을 사랑한다는 것은 그의 계명을 지키고 하나님 앞에서 살아가는 것입니다. 제1계명인 "너는 나 외에 다른 신들을 네게 두지 말라"는 말씀을 오늘을 사는 우리에게 주시는 영원한 절대 진리의 말씀으로 마음 깊이 새겨서 생활하는 가운데 은혜와 축복의 창고에서 풍성함을 누리게 되기를 바랍니다.

 ## 드와이트 데이비드 아이젠하워

　아이젠하워(Dwight David Eisenhower)는 독일에서 미국 남부 버지니아로 이주한 기독교 집안에서 태어나, 하나님을 경외하고 교회를 사랑하는 부모님 밑에서 자라났습니다. 그의 부모는 19세기 미국의 유명한 침례교 설교자 드와이트 라이먼 무디(Dwight Lyman Moody)의 이름과 구약성경에 나오는 이스라엘 왕국의 2대 왕 다윗(David, Second King of Israel)의 이름을 따서 '드와이트 데이비드 아이젠하워'라고 그의 이름을 지었습니다.

　그의 부모는 '너는 나중에 디엘 무디 같은 목사님이 되거라'는 소망을 담아 이 아들을 길렀습니다. 이 아들도 얼마나 믿음이 좋은지 성경을 수도 없이 읽고, 사관학교를 다니면서도 성경을 외우고, 군에서 소위로 있으면서도 탱크 속에서 주일학교 아이들을 데려다가 가르쳤습니다.

　그러다가 2차 대전이 일어나자 아이젠하워는 유럽 연합군 최고 사령관으로 참전하게 되었습니다. 인류역사에서 제일 큰 전쟁이었던 2차 세계대전을 끝낸 유럽 연합군 최고 사령관이 바로 아이젠하워입니다.

　1944년 6월 6일 노르망디 상륙작전을 앞에 두고 전 인류의 역사가 아이젠하워의 손에 달려 있었습니다. 그때 아이젠하워 사령관은 모자를 벗은 채 무릎을 꿇고 모든 지휘관들, 장군들만 수백 명을 모아 놓은 자리에서 하나님 앞에 두 손을 들고 기도했습니다.

　"이제 운명의 시간이 다가왔습니다. 모든 두뇌와 훈련받은 것을 동원할 시간이 다가왔습니다. 그러나 모든 것은 하나님의 손안에 있습니다. 우리가 다 준비했지만 이기고 지게 하시는 것은 하나님의 손에 달려 있습니다. 전능하신 하나님께서 이기게 하시면 이기는 것이고, 하나님이 나를 도와주시면 승리하는 것입니다. 이 세계의 평화가 오늘 여기에 달려 있습니다. 여호와여 나를 도와주시옵소서! God, Help Me!"

끊임없이 하나님 앞에 기도한 아이젠하워는 결국 2차 세계대전을 끝내게 됩니다.

전 세계 인류에게 평화를 가져다준 아이젠하워의 능력은 어디에서 나왔습니까? 하나님을 믿는 믿음에서 나온 것입니다. 하나님을 믿으면 물만 건너는 것이 아니라 전쟁도 건널 수 있는 것이고, 장래의 문제도, 나를 가로막는 그 어떠한 강도 건널 수 있는 것입니다.

아이젠하워는 2차 세계대전을 끝내고 미국의 콜롬비아 대학교 총장을 역임했고, 그 후에도 6·25 한국전쟁을 종식시켰습니다. 그리고 미국의 34대 대통령이 되어 재선에 성공했습니다. 1969년에 사망한 그는 1979년에 사망한 아내 마미아와 함께 교회 묘지에 묻혀 있습니다.

이와 같이 하나님을 경외하며 위에 계신 분을 잘 섬기면 인간의 모든 길이 열린다고 성경은 말씀하고 있습니다.

## 제이는,

**너를 위하여 새긴
우상을 만들지 말라**

"너를 위하여 새긴 우상을 만들지 말고
또 위로 하늘에 있는 것이나 아래로 땅에 있는 것이나
땅 아래 물속에 있는 것의 어떤 형상도 만들지 말며
그것들에게 절하지 말며 그것들을 섬기지 말라
나 네 하나님 여호와는 질투하는 하나님인즉
나를 미워하는 자의 죄를 갚되
아버지로부터 아들에게로 삼사 대까지 이르게 하거니와
나를 사랑하고 내 계명을 지키는 자에게는
천 대까지 은혜를 베푸느니라"(출 20:4-6).

# 창문 열기

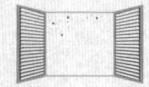

　제2계명은 하나님께서 우주를 창조하셨으며, 우주에 존재하는 모든 것은 하나님의 지음을 받은 피조물임을 말씀하고 있는 계명입니다. 그러므로 피조물의 형상으로 하나님을 나타내서도 안 되고, 무한하신 하나님을 어떤 형상 안에 제한시키는 것은 하나님의 진노를 마땅히 받게 됨을 알아야 합니다. 하나님께서 새긴 우상뿐만 아니라 하늘과 땅과 물속에 있는 것의 어떠한 형상도 만들지 말라고 하시는 것은 하나님의 창조와 주권이 온 우주에 미치고 있음을 말씀하신 것입니다. 하나님이 만드신 피조물을 숭배하는 것은 하나님 앞에 정면으로 도전하는 가증한 일입니다. 우리는 오직 유일하신 하나님만 섬기며 하나님의 말씀을 뜻대로 지켜 감으로 천 대까지 은혜를 받아 누리는 하나님의 자녀가 되어야 할 것입니다.

## 하나님을 만들지 말라

"너를 위하여 새긴 우상을 만들지 말고"

히브리어 원문을 보면 '새긴 우상'으로 번역된 '페셀'은 원래 '자르다, 새기다, 만들다'라는 의미를 가지고 있습니다. 의미로 볼 때 새긴 우상이란 석재나 금속을 자르거나 조각하거나 혹은 흙을 빚어 만든 형상이라고 할 수 있습니다. 이어서 "아무 형상도 만들지 말며"로 번역된 '웨콜 테무나'는 '어떤 형태의 것이든지, 모든 유사한 것들'을 의미합니다.

성경은 이스라엘 백성들이 돌이나 나무를 다듬고 금과 금속을 녹여서 우상을 만들고 섬겼던 것을 성경 곳곳에서 말씀하고 있습니다.

이스라엘 백성이 430년간 애굽의 종살이에서 벗어나 출애굽하며 겪은 40년의 광야생활은 그들이 그동안 애굽에서부터 섬겼던 각종 우상의 찌꺼기를 버리게 하고, 철저히 하나님만 바라보게 하는 과정이라고 볼 수 있습니다. 이는 이스라엘 백성들이 새로운 가나안 땅에 들어가서 무지한 우상숭배에 빠지지 말고 살아야 함을 미리 당부하신 것입니다.

> "위로 하늘에 있는 것이나 아래로 땅에 있는 것이나 땅 아래 물속에 있는 것의"

창세기 1장 1절은 "태초에 하나님이 천지를 창조하시니라"고 말씀합니다. 하나님이 우주를 창조하신 방식을 살펴보면, 먼저 어떤 하나의 '틀'을 만드시고 그 후에 그 틀 안에 채우실 것들을 순서대로 지으셨음을 알 수 있습니다.

첫째 날에는 빛과 어둠을 만드셨고, 둘째 날에는 궁창을 만드셨고, 셋째 날에는 바다, 땅, 식물을 만드셨고, 넷째 날에는 해와 달과 별을 만드셨고, 다섯째 날에는 새와 물고기를 만드셨습니다. 여섯째 날에는 동물과 사람을 지으셨습니다.

한편, 하나님은 모든 창조의 절정으로 사람을 자신의 형상대로 지으시고, 그를 하나님의 대리자로 세워 자연을 다스리며 그 속에서 번성하도록 하셨습니다.

하나님은 그가 만들어 세우신 것들을 섬기지 말라고 말씀하시는 것입니다. 즉, "위로 하늘에 있는 것이나"라는 것은 해와 달과 별을 포함한 우주 공간에서 움직이는 각종 새를 비롯한 모든 것이라고 말할 수 있습니다. "아래로 땅에 있는 것이나"라는 것은 육지 위에 존재하는 생물체와 무생물체를 모두 포함하고 있습니다. 그리고 "땅 아래 물속에 있는 것"에서 물은 히브리어 원어로 '마임'이란 단어를 쓰고 있는데, 이 뜻은 물을 담고 있는 강이나 바다 전체를 말합니다. 즉, 물속에서 생활하는 모든 것을 말하는 것입니다.

**"어떤 형상도 만들지 말며 그것들에게 절하지 말며 그것들을 섬기는 말라"**

하나님 외에 하나님이 말씀으로 만드신 피조물의 형상으로 하나님을 나타내지 말고, 그것들에게 자신을 복종시키지 말고, 수고하는 자리에 머물지 말라는 말씀입니다.

만약 하나님께서 반대로 하나님 외에도 하나님이 만드신 우주 공간에 있는 모든 것들의 형상을 만들어서 섬기라고 하셨다면 세상은 말할 수 없는 복잡하고 혼돈한 세상이 되고 말았을 것입니다. 또한 그것들을 일일이 만들어서 섬기는 삶을 살아간다면 그보다 더 괴로운 일은 없을 것입니다.

"우상을 섬기지 말라"는 말씀은 우리를 향한 지극한 하나님의 사랑을 만날 수 있는 계명이라고 할 수 있습니다. 결론적으로, 제2계명은 하나님이 만드신 하늘과 땅, 물속, 즉 사람이 경험하고 느끼고 확인할 수 있는 우주 공간의 모든 것들이 하나님을 대신할 수 없음을 말하는 것입니다.

## 저주가 아닌 복 주시는 하나님

하나님은 우리가 하나님을 떠나 살기를 원하시지 않고, 우리를 지극히 사랑하셔서 복 주시기를 원하시는 분이십니다.

**"나 네 하나님 여호와는 질투하는 하나님인즉"**

우리를 사랑하시는 하나님의 사랑을 반증해 주는 말씀입니다. 서로 사랑해서 결혼한 부부가 다른 사람에게 마음을 주지 말고 나만을 사랑해 달라고 서로에게 요구하는 것과 같은 당연한 것입니다. 하나님의 질투는 우리를 거룩하게 지키시려는 사랑의 깊이를 표현한 것입니다. "질투하는 하나님"이란 표현은 우리를 향한 하나님의 강렬한 사랑을 반증하는 고백입니다.

**"나를 미워하는 자의 죄를 갚되 아버지로부터 아들에게로 삼사 대까지 이르게 하거니와"**

우리는 하나님을 보복하시고 형벌을 주시는 분으로 오해할 수 있습니다. 그러나 하나님은 우리를 저주하시는 분이 아닙니다. 여기서 말씀하고 있는 삼사 대는 당시 대가족을 이루고 있는 상황에서 한 사람의 행동이 그가 속한 공동체 모두에게 영향을 준다는 것으로 이해해야 합니다. 부모의 허물과 죄가 자녀들에게 영향력을 미친다는 것을 강조한 것입니다.

저주라는 것은 나쁜 일이 일어나기를 바라는 것으로, 이것은 사탄이 하는 일이라고 할 수 있지만 로마서 8장 39절은 "우리를 우리 주 그리스도 예수 안에 있는 하나님의 사랑에서 끊을 수 없으리라"고 말합니다. 사탄의 저주는 효력이 없습니다. 사탄보다 강하신 하나님이 우리를 보호하고 계시기 때문입니다. 우리는 하나님의 사랑 안에 있기 때문에 신앙인에게 저주는 존재하지 않는 단어입니다.

하나님은 하나님의 자녀를 저주하지 않으십니다. 로마서 8장 1-2절을 보면 "그러므로 이제 그리스도 예수 안에 있는 자에게는 결코 정죄함이 없나니 이는 그리스도 예수 안에 있는 생명의 성령의 법이 죄와 사망의 법에서 너를 해방하였음이라"고 말합니다. 하나님이 의롭다 하시고 정죄하지 않으신다는 것은 저주하지 않으신다는 뜻입니다.

신앙인에게 닥치는 어려움은 저주로 인해 오는 것이 아니라 징계로 오는 어려움이라고 할 수 있습니다.

> "그들은 잠시 자기의 뜻대로 우리를 징계하였거니와 오직 하나님은 우리의 유익을 위하여 그의 거룩하심에 참여하게 하시느니라 무릇 징계가 당시에는 즐거워 보이지 않고 슬퍼 보이나 후에 그로 말미암아 연단 받은 자들은 의와 평강의 열매를 맺느니라"
> (히 12:10-11).

우리가 세상을 살아가면서 어려운 일로 고통스러운 터널을 지나야 할 때도 있습니다. 만약에 그것이 죄로 인해서 오는 것이라면 죄를 회개하고 신앙인답게 주님이 원하시는 분량까지 최선을 다해서 살아가면 됩니다. 하나님을 우리가 잘못을 저지르면 미워하고 저주하다가 조금 잘하면 복 주시는 그런 분으로 인식해서는 안 됩니다.

하나님은 우리를 항상 사랑하시기에 잘못하면 잘되라고 징계를 통하여 연단함으로 더 좋은 열매를 맺게 하시는 데 목적을 가지고 계실 뿐입니다. 결코 삼사 대까지 저주하시는 분이 아닙니다.

**"나를 사랑하고 내 계명을 지키는 자에게는 천 대까지 은혜를 베푸느니라"**

이 말씀은 앞에서 저주로 생각할 수 있는 질투라는 표현조차 삼켜 버리는, 은혜와 복 주시기를 간절히 원하시는 은혜의 말씀임을 다시 한 번 확인하게 합니다. 하나님의 의도는 사랑이라는 것을 알 수 있습니다. 하나님은 우리에게 천 대까지 복 주기를 원하십니다. 여기에서 천 대까지는 수적(數的)인 풍성함을 포함해서 삶의 전 영역에 형통한 삶을 허락해 주신다는 뜻입니다.

인간은 하나님이 공급하시는 생명 없이는 살아갈 수 없는 연약한 존재입니다. 그렇기에 우리가 하나님을 사랑하고 말씀 안에서 살아가면 풍성함을 얻고, 부유함이 따라오고, 어둠이 물러가고 하늘의 문이 열리게 됨을 말씀하고 있습니다. 하나님은 자기의 사랑을 제한 없이 우리에게 표현하고 나타내 보이시는 분이십니다.

## 성경의 우상숭배

### 시내 산 금송아지

이스라엘 백성들은 애굽에서 430년간 종살이를 하다가 하나님의 역사 속에서 모세를 통하여 해방과 자유를 얻었습니다. 출애굽하는 모든 과정에서 그들은 하나님의 구원을 직접 경험하였지만 시간이 지나서는 하나님의 말씀을 믿지도 않고 인정하지도 않았습니다.

출애굽기 32장의 내용을 보면, 그들은 모세가 십계명을 받으러 시내 산에 올라간 40일간을 견디지 못하고 모세를 대신해서 자신들을 인도할 신을 만들어 달라고 했습니다. 그들은 구원의 은혜를 베풀어 주신 하나님께 대한 감사와 고마움을 다 잊어버리고 금송아지 우상을 만드는 죄를 범했습니다. 그 결과로 3천 명이나 되는 형제, 친구와 이웃을 죽이고 결별하는 아픔과 고통을 겪는 비참한 결과를 가져왔습니다.

### 솔로몬의 우상숭배

이스라엘이 남유다와 북이스라엘로 갈라지게 된 배경도 솔로몬 왕의 우상숭배의 결과라고 말할 수 있습니다.

솔로몬은 중개무역으로 이스라엘 영토를 엄청나게 확장하며 최고의 명성을 얻었습니다. 예루살렘에 세운 성전은 유례없이 화려했으며, 성전 건축과 여러 위대한 업적으로 인해 그는 세계적인 명성과 존경을 받았습니다.

초기의 솔로몬은 하나님을 잘 섬겼으나 말년에는 하나님을 저버리고 우상숭배를 하게 됩니다. 솔로몬은 부왕(父王) 다윗의 유지를 받들어 이스라엘 최대의 염원이며 정치적인 구심점이기도 한 예루살렘 성전을 건축하고 하나님을 경외하는 신실한 삶을 견지하였으나 그 후 왕권의 안전과 번영이 반석 위에 놓인 듯하자 점차 하나님을 경외하는 삶에서 벗어나 자신을 내세우고 쾌락을 추구하는 세속적인 삶에 빠져들었습니다.

이러한 대표적인 현상으로 먼저 그가 실시하였던 통혼정책을 들 수 있습니다. 솔로몬은 애굽 등 주변 열강들의 군사적 위협으로부터 국가를 안정시키기 위한 목적으로 외국의 공주들을 아내로 맞는 통혼정책을 시행하였는데, 이로 인해 외부로부터 군사적 침략의 위험은 사라졌으나 공주들이 갖고 들어온 이방의 우상숭배 문화로 인해 국가 내부로부터 여호와 신앙이 무너져 가게 되었습니다. 실로 신정왕국인 이스라엘로서는 가장 큰 본질적 위기를 맞이하게 된 것입니다.

> "왕은 후궁이 칠백 명이요 첩이 삼백 명이라 그의 여인들이 왕의 마음을 돌아서게 하였더라 솔로몬의 나이가 많을 때에 그의 여인들이 그의 마음을 돌려 다른 신들을 따르게 하였으므로 왕의 마음이 그의 아버지 다윗의 마음과 같지 아니하여 그의 하나님 여호와 앞에 온전하지 못하였으니"(왕상 11:3-4).

솔로몬이 예루살렘 성전 맞은편에 왕비와 후비들이 지낼 수백 개의 궁궐을 세웁니다. 그곳에서 이방 여인들은 밤새 우상에게 절을 하였고, 이로 인해 온 나라에 우상숭배가 퍼져 나가게 되었습니다.

지금도 예루살렘 앞 감람산에 올라가 보면 솔로몬이 지은 우상 신전 터들이 남아 있습니다. 예루살렘 성전 앞 힌놈의 골짜기에는 암몬의 밀곰 신전이 있습니다. 여기서 솔로몬은 자기의 아들인 왕자를 불 사이로 지나가게 했습니다. 아이를 불에 태워서 바치게 하고, 아이를 끓는 물에 집어넣어 제물로 바치게 하는 이방 신을 여인들과 함께 숭배했습니다.

솔로몬의 아들 르호보암의 교만과 정치적 미숙으로 남유다와 북이스라엘로 갈라지게 된 사건의 이면에는 점차 여호와 신앙을 떠난 솔로몬의 우상숭배가 마침내 분열을 초래하는 결정적 원인으로 작용하였던 것입니다.

### 아합 왕의 우상숭배

남유다와 북이스라엘이 나누어졌지만 두 나라가 화친을 맺게 되는 시기가 있었는데, 바로 북이스라엘의 7대 왕 아합 왕 때입니다. 당시 왕의 부인은 아합 왕이 그 당시 시돈과 화평을 위해 정략적으로 맞아들였던 이세벨 왕후였습니다. 그 당시 시돈과 두로는 지중해 교역을 통해 부를 누리던 도시국가였습니다. 그 동맹의 일환으로 아합 왕은 시돈 왕 엣바알의 딸 이세벨과 결혼하였습니다.

북이스라엘은 이 결혼을 통해 정치적으로 안정을 누리고 경제적으로 번영을 누릴 수 있었는지는 모르지만 이세벨의 열렬한 바알 숭배의 영향으로 바알을 위해서 단을 쌓고 아세라 목상을 만들고 국가 정책의 하나로 바알을 숭배하도록 했습니다. 이로써 아합 왕의 22년 재임 기간 내내 북이스라엘은 우상숭배로 가득하게 되었습니다.

열왕기상 18장을 보면, 바알 숭배가 얼마나 극심했던지 엘리야가 갈멜 산에서 대결하였던 바알 선지자와 아세라 선지자가 각각 450명과 400명이 되었습니다. 이세벨은 왕궁을 맡은 자 오바댜가 숨겨 둔 선지자 100명을 제외하고 이스라엘의 거의 모든 선지자를 죽였습니다.

이처럼 아합 왕 때에 이스라엘은 우상숭배가 극에 달해서 결국 이스라엘의 연합군과 아람과의 전쟁이 벌어지게 되었습니다. 이 전쟁에서 아합 왕은 한 사람이 무심코 당겨서 쏜 화살에 맞게 되는데 그것도 위 갑옷과 아래 갑옷 사이에 정확하게 맞습니다. 격렬한 전쟁터에서 빠져나가지도 못하고 결국 그는 병거에서 너무 많은 피를 흘리는 바람에 죽게 되었습니다. 전쟁이 끝난 뒤에 사마리아 못 가에 가서 아합 왕이 탔던 병거를 씻는데, 병거에서 흘러내린 피를 개들이 와서 핥아 먹었습니다.

열왕기하 9장 30절 이하의 말씀을 보면, 아합 왕의 아내 이세벨은 아합 왕이 죽은 뒤에도 여전히 이스라엘 백성들에게 사악한 영향력을 행사했는데, 결국 예후와 내시들에 의해 죽임을 당해 그 시체가 개들의 먹이가 되는 비참한 최후를 맞았습니다.

이뿐 아니라 북쪽 이스라엘이 앗수르에게 멸망한 것이나, 남쪽 유다가 바벨론에게 멸망한 것도 모두 우상숭배 때문이었습니다. 우상숭배는 많은 죄 가운데 하나가 아니라 다른 모든 죄를 낳은 죄의 근본이며 매우 큰 죄입니다.

## 한국적인 미신과 우상숭배

### 민간신앙의 미신

미신은 이치에 어긋난 것을 잘못 생각해서 믿는 신앙생활입니다. 예를 들어 산세, 집터, 관상, 명당, 사주, 궁합, 부적, 고사, 기우제, 당산제, 용왕제와 같은 것들이 있습니다. 미신은 과학적 지식과 합리적 사고가 전무했던 원시인들로부터 시작된 것입니다.

원시인들은 엄청난 바람이 불고, 큰 홍수나 원인 모를 불이 나고, 질병으로 많은 사람들이 죽어 가는 사고 등을 보면서 원인과 작용을 잘못 알고 '바위가 이상하면 보통 바위가 아니다', '나무가 수천 년이 되면 뭔가 있을 것이다'라며 믿음을 부여해서 물결이 일어나면 바다를 섬기고, 보름달이 뜨면 아들을 낳게 해달라고 기도했습니다. 이처럼 해, 달, 별, 바위, 호랑이, 고목나무, 조상의 영혼들을 전지전능한 신으로 숭배한 것이 미신의 시초입니다.

오늘날에도 많은 사람들이 사주를 보고 출산을 한다고 합니다. 사주(四柱)는 사람을 하나의 집으로 비유하고 생년·생월·생일·생시를 그 집의 네 기둥이라고 보아 붙여진 명칭이며 각각 간지 두 글자씩 모두 여덟 자로 나타내므로 팔자(八字)라고도 합니다. 그리고 사주팔자를 풀어 보면 그 사람의 타고난 운명을 알 수 있다 해서 통상 운명이나 숙명의 뜻으로 쓰이기도 합니다.

모든 일은 이미 정해진 법칙에 따라 일어나므로 인간의 의지로는 아무것도 바꿀 수 없기 때문에 좋은 운명을 가지고 태어나야 한다는 것입니다. 그러나 운명은 정해진 것이 아닙니다. 운명의 바코드는 각자가 만들어 가는 이야기이고, 주변의 환경과 의지에 따라 변해 가는 것입니다.

기독교는 운명론이 아니라 예정론입니다. 하나님의 예정과 선택 가운데서 자유의지를 가지고 아름답고 값진 생애로 내 인생을 연주하는 연주자로 살아가는 것입니다.

또한 많은 사람들이 사주궁합을 보고 결혼을 합니다. 궁합은 각기 다른 두 사람이 결합하여 운명이 좋은가 나쁜가를 미리 헤아려 보는 것인데, 이는 잘못된 것입니다. 결혼은 하나님의 법을 좇아 돕는 자로서 서로 존중하고 이해할 때 행복한 것입니다.

한편 윤달은 태음력과 태양력의 오차를 보정하기 위해 두는 한 달을 말합니다. 지구의 공전 주기는 약 365.2422일이고 1삭망월인 29.53일로 1년을 만들면 약 354일이므로 3년만 지나면 33일 가량이 모자라게 됩니다. 따라서 이러한 오차를 보정하기 위하여 19년에 일곱 번 정도 윤달을 두게 됩니다. 윤달이 든 해를 윤년(閏年)이라고 하는데 이 경우에는 1년이 열세 달인 셈입니다. 윤달은 덤으로 생긴 달이라고 해서 민속신앙에서 귀신도 쉬는 달이기에 귀신의 눈치를 안 봐도 되는 달이라고 합니다. 그래서 사람들이 윤달에는 평소에 꺼려 하던 수의를 준비하고, 묘를 이장하고, 집을 수리하고 새 집을 짓기 위해 준비를 합니다.

반대로 윤달에 결혼을 하거나 아이를 낳으면 좋지 않다는 속설도 있습니다. 이유는 귀신들이 활동을 하지 않아 조상님의 음덕을 받지 못하기 때문이라고 합니다. 윤달은 썩은 달이라고 해서 그 달에 결혼을 하면 부부 금슬에 문제가 생길 수 있고 자녀를 갖기 힘들다는 것입니다. 모두 다 미신적인 것입니다.

현대의 한국사회 속에서 민간신앙의 형태로 남아 있는 전체를 포함한 총괄적인 개념을 무교(巫敎)라고 할 수 있습니다. 무교는 원시적인 민간신앙이기는 하지만 끈질긴 생명력을 가지고 현대에 이어지면서 불교와 유교, 도교 등에 영향을 받기도 했지만, 오히려 무교화한 결과로 흡수되고 변형되었습니다. 무교의 목표는 복 받고 수명을 연장하여 많은 재물을 얻는 것입니다. 그리하여 자신에게 풍족한 생활과 평안만 주어지면 그만이라는 지극히 이기적이면서 기복적이고 현세 지향적인 종교라 할 수 있습니다.

또한 민족종교인 원불교, 대종교, 증산도, 천도교 등은 구한말 민족의 어려움과 일제식민지 시대의 암울함 속에 있는 백성에게 민족적 정신을 고취시킨 점은 높이 살 수 있으나 철저히 미신을 근본으로 한 무교적인 배경을 두고 있습니다.

한국교회 안에도 무교를 배경으로 한 미신적이고 기복주의적(祈福主義的)인 복의 개념과 사상이 있다면 과감하게 제거하고 하나님의 말씀을 통하여 우리에게 가르쳐 주신 그대로 하나님을 섬겨야 할 것입니다.

### 우상숭배의 종교

우상은 실상이 아닌 허상을 섬기는 것을 말합니다. 대표적으로 한국 불교의 절에는 여러 불상을 모시지 않는 절이 없으며, 불자(佛者)라면 누구나 불상 앞에 합장하고 절을 108배에서 3,000배까지 정신을 잃을 정도로 합니다. 그러나 초기 불교의 율장에는 석가모니 부처의 형상을 제작하는 일을 일체 금지시켰습니다. 인도 불교의 전성기인 기원전 3세기 아쇼카 왕 때 니간타(Nigantha)라는 제자는 부처의 형상을 그렸다는 이유로 사형을 당하였습니다.

석가모니가 죽은 지 약 500여 년간 불상이 없는 시대를 지나 1세기경에 그리스의 신상에 영향을 받아서 그때부터 부처상이 만들어졌고, 그 후 불교는 수많은 불상을 숭배하는 우상숭배의 종교로 변질되고 말았습니다.

사실상 상식적으로도 부처상을 나무로 깎아내고 동으로 만드는 사람들은 자기가 만든 그것에 절하지 않습니다. 적어도 그것을 만든 자신은 가짜라는 것을 알고 있는데 섬길 수 있겠습니까? 원시불교는 부처님을 예배의 대상도 아니고 구원을 받기 위한 신앙의 대상도 아니라고 가르치고 있습니다. 부처님은 어디까지나 인간이고 사색을 좋아하는 사상가로 생각하고 가르쳤을 뿐입니다.

인도 종교는 85% 이상이 힌두교입니다. 힌두교는 인도의 5천

년 역사의 종교적·문화적 모든 문제를 흡수시켜서 서서히 생성된 범신론과 다신론을 가지고 있습니다. 이러한 인도에서 불교는 8-9세기경부터 쇠퇴하기 시작했고, 11-12세기를 거쳐 13세기경에는 실질적으로 힌두교 전통사상에 흡수되고 말았습니다.

우리나라에 처음 들어온 외래 종교가 불교입니다. 4세기에 고구려, 백제, 신라가 왕을 중심으로 한 중앙집권적인 체제를 정비해 가는 과정에서 국가 기강을 유지하기 위해서 불교를 받아들이게 된 것입니다. 한국 불교는 신라 불교시대 약 500년, 장년기라고 할 수 있는 고려시대 약 500년, 쇠퇴기인 조선시대 약 500년으로 한국불교의 일대는 약 1,500년입니다. 조선시대에 불교는 숭유억불정책과 함께 쇠퇴기를 맞이하면서 유교가 500년간의 전성기를 누리게 되었습니다. 이처럼 불교와 유교는 1,500년 동안 우리 민족의 정신적 지주가 되어 왔고 지금까지도 많은 영향을 미치고 있습니다.

우리나라에 들어온 불교와 유교는 미신적인 원시종교와 혼합되어 있는 무교와 민간신앙에 쉽게 뿌리를 내리고 잘못된 민족성과 사고방식, 신앙관에 지대한 영향을 미쳤습니다. 지금도 불교 안에는 불상뿐만 아니라 미신적인 산신각(山神閣)과 칠성각(七星閣)이 없는 절이 없습니다.

이러한 역사적인 영향으로 인해 몸은 교회에 나가지만 생각은 불교적으로 하고, 생활은 유교적으로 살고, 신앙은 무속적으로 믿는 사람들이 있습니다. 우리는 내 안에 있는 미신적이고 우상적인 것은 모양이라도 철저하게 버려야 합니다.

하나님은 온 우주에서 인류와 우리 인간의 역사를 지배하시는 유일한 분이십니다. 하나님은 믿어야 할 분이고, 우리가 만나고 사랑해야 할 분입니다. 우상을 섬기는 것은 절대로 하나님이 원하시는 것이 아닙니다. 인간이 약하고 미련하고 어리석어서, 또 유혹을 받아 우상을 만들게 되고 섬기게 되는 것입니다.

> "이 나무는 사람이 땔감을 삼는 것이거늘 그가 그것을 가지고 자기 몸을 덥게도 하고 불을 피워 떡을 굽기도 하고 신상을 만들어 경배하며 우상을 만들고 그 앞에 엎드리기도 하는구나"(사 44:15).

나무로 땔감도 삼고 떡을 굽기도 하면서 그 나머지 나무로 우상을 만들어 기도하면서 나를 구원하라고 한다는 것입니다. 즉, 눈이 어두워서 깨닫지 못한다는 것입니다.

하나님은 그의 백성들에게 새긴 우상을 만들지 말며 악한 것은 모양이라도 버리라고 말씀하십니다. 형식을 흉내 내어도 안 됩니다. 그러다가 그 뜻을 따르게 됩니다. 우상은 보지도 말고 섬기지도 말고 만들지도 말고 연구하지도 말라고 했습니다. 하나님이 가장 싫어하시는 것이 우상입니다. 이런 것을 보면 한 가정의 파괴나 나라의 분열도 하나님 앞에서 우상숭배할 때 일어나며 하나님의 심판이 따른다는 것을 알아야 합니다.

우리는 내 몸과 생활 속에서 어떤 것이든지 우상이 될 만한 것은 다 버려야 하고, 내 안에 그러한 찌꺼기들이 있다면 회개하고 신앙의 바른 길을 가야 합니다. 과거에 잘못했던 불행의 생각과 우상을 버리고 하나님의 생각에 접붙여서 나와 내 자녀, 후손들을 통하여 좋은 열매를 많이 거둘 수 있기를 바랍니다.

결론적으로, 내가 믿는 하나님은 모든 만물의 창조자이시며 주관자이시며 전지전능하신 절대자이심을 확실히 고백하고, 미신과 우상숭배에 흔들림 없이 하나님의 생각으로 확실하게 뿌리내려서 이 시대의 거룩한 그리스도인이 되어야 합니다.

하나님은 유일하신 하나님이시며 우주 안에 있는 모든 주권은 하나님께만 있습니다. 하나님께서 하신 말씀이 곧 법이며 주권입니다. 세상에서 하나님을 가장 무시하는 행위가 우상숭배이며, 하나님께 정면으로 도전하는 행위가 바로 우상숭배입니다.

오직 유일하신 창조주 하나님만을 경배하고 찬양하고 섬겨서 약속하신 천 대까지 은혜의 복을 받아 나 자신이 살고, 가정이 살고, 나라와 열방을 살리는 믿음의 사람이 되기를 바랍니다.

 ## 우상을 때려 부순 아브라함

믿음의 조상이라고 불리는 아브라함의 어린 시절에 관한 전설입니다. 아버지 데라는 갈대아 우르에서 우상을 만들어 파는 직업을 갖고 있었습니다. 그러나 어린 아브라함은 '아버지가 하나님 앞에 죄를 짓는 우상 장사를 하는데 어떻게 해야 그만하실까?' 하면서 늘 생각하고 고민하였습니다.

하루는 아버지 데라가 아브라함에게 "저 신상들이 상하지 않도록 잘 지켜라" 부탁하며 출타하였습니다. 마침 그때 이웃집에서 음식 한 그릇을 가져왔습니다. 아브라함은 아버지께서 출타하신 틈을 타 작고 큰 여러 가지 모양의 우상들이 진열되어 있는 신당에 들어가서 우상들을 망치로 때려 부순 후 그중에 제일 큰 우상의 손에 망치를 끈으로 꽁꽁 묶어 쥐어 놓고는 음식 그릇을 그 앞에 갖다 놓았습니다.

시간이 지나 외출했다 돌아온 아버지 데라가 신당에 들어가 보니 신상들이 모두 목이 부러지고 팔, 다리, 허리 등이 꺾여 있었습니다. 데라는 놀라고 화가 나서 아브라함을 불러 야단을 쳤습니다. 아브라함은 시치미를 뚝 떼고 이렇게 대답하였습니다.

"이웃집에서 떡을 가져왔기에 그 떡을 신상 앞에 두었더니 신상들이 서로 먹겠다고 소동을 부렸는데 결국 제일 크고 힘센 우상이 망치를 들고 다른 신상들을 모두 때려 부수고 떡을 차지했습니다."

그러자 아버지 데라는 더욱 화가 나서 "사람이 만들어 놓은 흙덩이 신상이 어떻게 다른 신상을 때려 부수고 떡을 먹는단 말이냐?"

하고 호통을 쳤습니다. 그러자 아브라함은 겸손하게 아버지 앞에 무릎을 꿇고 간청했습니다.

"그래요, 아버지. 생명도 없는 우상이 어떻게 사람의 명을 길게 하여 주고 복을 줄 수 있겠습니까? 그런데 왜 사람들을 속여서 우상을 파십니까? 이제 이런 일은 그만두세요."

그러자 아버지 데라는 깊이 깨달은 바 있어 우상 만들어 파는 직업을 버렸습니다. 그리고 가족을 이끌고 갈대아 우르를 떠나 하란으로 옮겨가게 되었습니다. 하나님은 이러한 아브라함을 믿음의 조상으로 세우셨습니다.

# 제삼은,

너는 네 하나님 여호와의 이름을
망령되게 부르지 말라

"너는 네 하나님 여호와의 이름을 망령되게 부르지 말라
여호와는 그의 이름을 망령되게 부르는 자를
죄 없다 하지 아니하리라" (출 20:7).

# 창문 열기

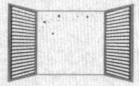

    제3계명은 하나님께서 어떤 분이신지를 선포하며 구속받은 하나님의 사람들이 어떻게 섬겨서 그 이름에 합당한 영광을 올려드려야 하는지를 보여주는 말씀입니다. 하나님의 말씀대로 사는 것이 곧 나 자신을 보호하고 사랑하는 것임을 알아야 합니다. 하나님의 명령을 따라 순종하며 살아갈 때 절대로 후회하지 않을 수 있습니다.

    우리는 하나님의 이름에 합당한 영광을 돌려드려야 하고, 그 이름에 합당한 삶을 살아가야 합니다. 더 나아가서 내가 머물고 가는 곳마다 하나님의 이름이 더럽힘을 당하지 아니하고 존귀함을 드러내는 삶을 살아가야 합니다. 신앙생활이란 하나님과의 관계를 인식하고, 하나님의 사랑을 깨닫고, 그 사랑을 영원히 간직하고 유지해 나가는 것입니다.

# 하나님 이름의 존귀함

### "너는 네 하나님 여호와의"

히브리어 원문을 보면 '여호와'는 원래 히브리어 '야훼'(Yahweh) 입니다. 유대인들은 부정한 인간의 입으로 거룩하신 하나님의 이름을 부를 수 없다고 생각해 왔습니다. 그래서 히브리어로 구약성경을 읽을 때 '야훼'가 나오면 본래 발음대로 읽지 않고 '주님'이라는 뜻을 가진 '아도나이'(Adonay)로 읽었습니다. 원래 '야훼'라는 자음의 단어는 오랫동안 죽은 단어였는데 훗날 아도나이의 모음이 첨가되어 '여호와'라는 발음이 생겨나게 되었습니다. 즉 '야훼'라는 하나님의 이름은 새롭게 만들어 낸 것이 아니라 히브리어의 본래의 발음입니다. 그래서 1977년에 가톨릭과 기독교가 공동으로 번역한 공동번역에는 '야훼'라고 번역되어 있습니다.

### "이름을"

'이름'이란 뜻을 가진 히브리어 '쉠'은 그 소유자의 전 인격과 품성과 지위 및 그가 살아온 삶의 모든 배경과 생애 전체를 대변해 주는 것이라고 할 수 있습니다.

히브리인들에게 있어서 이름은 그 사람의 인격과 그 사람 자체를 의미하기 때문에 대단히 중요하게 여겨집니다. 하나님의 이름은 너무 귀하고 거룩하기 때문에 아예 하나님의 이름이 나오는 대목에서는 그 이름을 부를 수가 없어서 발음하지 않고 지나가곤 했습니다. 그렇기 때문에 오랫동안 발음을 하지 않으니까 다 잊어버리기까지 했던 것입니다. 그들에게서 이름이란 그 사람의 전 인격이기에 그만큼 하나님이란 칭호 자체를 존귀하게 다루었습니다.

또한 인쇄술이 발달되지 않았을 때 성경을 기록하는 필사가들도 성경을 쓰는 도중에 '야훼'라는 이름이 나오면 붓을 깨끗이 빨아서 '야훼'라는 단어를 써내려가곤 했습니다. 바로 이와 같이 성경이 존귀하게 하나님의 이름을 기록하며 쓰여진 것입니다.

우리나라도 이름과 명분을 중요시 여기는 민족입니다. 부모님의 이름을 지칭할 때도 함부로 부르지 않고 한 자 한 자 조심스럽게 말하는 것이 기본 상식입니다. 사람의 인격을 나타내는 이름을 부를 때도 이렇게 조심스러운데 하물며 하나님은 우리 인생의 주인 되시는 아버지이십니다. 우주만물을 창조하시고 우리 인간의 생사화복을 주관하시는 분이십니다. 그렇기에 우리는 무엇보다 하나님의 이름을 부를 때 조심성은 물론이고 두려움과 경외심을 가져야 함을 잊어서는 안 됩니다.

### "망령되게 부르지 말라"

히브리어로 '망령되게'는 '라샤웨'인데 이 말은 '거짓을 위하여,

범죄를 위하여'라는 뜻을 가지고 있으며, NIV 성경은 '오용하다'(misuse)라는 단어를 쓰고 있습니다. '부르지 말라'는 히브리어 '티사'는 '들어올리다, 맹세하다, 사용하다, 가지다'라는 뜻을 가지고 있는데, 그 이름을 임의로 사용하거나 적용하는 것까지 가리키고 있습니다. 즉 거짓을 위하여, 범죄를 위하여 하나님의 이름을 함부로 오용하거나 남용하지 말라는 말씀입니다. 하나님의 이름으로 거짓 맹세하거나 함부로 사용하지 말고, 그 이름에 합당한 영광과 존귀를 올려드려야 한다는 것입니다.

"죄 없다 하지 아니하리라"에서 '죄 없다'라는 단어 '예나케'는 '결백하다, 흠이 없다, 형벌이 없다'라는 뜻을 지니고 있습니다. 즉 전체적인 뜻은 '절대로 무죄하다고 하지 않을 것이기 때문이다', '죄가 면제받고 무사하게 되지 않을 것이다'입니다. 이것은 하나님께서 자신의 이름을 함부로 사용하는 사람을 심판하실 것을 선언하고 계시는 말씀입니다.

하나님의 이름을 헛되이 함부로 사용하고 오용하는 자들에게는 반드시 그 대가를 지불하도록 하겠다는 하나님의 강한 의지의 표현임을 우리는 알아야 합니다. 즉, 하나님의 백성으로 살아가는 우리는 하나님을 바로 알고 섬겨야 하며, 하나님의 이름에 합당한 존귀와 영광을 올려드려야 한다는 인식을 가지고 살아야 합니다.

## 하나님 이름으로 맹세와 저주

### 맹세하지 말라

유대인들은 제3계명의 전통적인 해석으로 거짓 맹세를 하는 데 있어서 첫째는 하나님의 이름을 함부로 사용해서는 안 된다는 것으로 해석해 왔습니다. 레위기 19장 12절은 "너희는 내 이름으로 거짓 맹세함으로 네 하나님의 이름을 욕되게 하지 말라 나는 여호와이니라"고 말합니다. 예수님도 마태복음 5장 34절에서 "나는 너희에게 이르노니 도무지 맹세하지 말지니 하늘로도 하지 말라 이는 하나님의 보좌임이요"라고 가르치셨습니다.

사람들은 하나님의 이름을 함부로 사용하면서 이와 같이 맹세를 합니다. "내가 정말로 하나님께 맹세하고 말하는데……" 나의 진실을 대면하듯이 하나님의 이름을 사용한다는 것입니다. 하나님을 믿지 않아도 농담을 하면서 하나님의 이름을 걸고 맹세합니다. 이는 모두 다 하나님의 이름을 함부로 사용하는 잘못된 맹세를 하는 것입니다.

예를 들어 어떤 사람이 누군가에게 돈을 빌릴 때에도 내가 하나님 앞에 맹세하는데 이 돈은 반드시 1년 안에 갚을 테니 걱정하지 말고 빌려 달라고 말합니다. 이렇게 하나님의 이름을 이용해서 자신 있게 말하면 상대에게 믿음이 가게 해서 돈을 쉽게 빌릴 수는 있지만 이런 행동들의 이면에는 하나님의 이름을 이용하여 어려움에서 벗어나 보고자 하는 잘못된 생각이 있는 것입니다. 이런 의도를 가지고 하나님의 이름을 건 맹세를 하지 말라는 것입니다.

또한 어떤 공무원이 누군가로부터 뇌물을 받았다는 혐의를 받고 조사를 받는데, 사실 뇌물을 주는 것을 직접 본 사람도 없고 물증도 없습니다. 그런 상황 속에서 그 공무원은 자신이 뇌물을 받지 않았다고 계속 말을 하는데도 계속 의심을 받으니까 "나는 하늘을 우러러 한 점 부끄럼이 없고, 하나님께 맹세하고 말하는데 절대 받지 않았다"라고 강하게 말하면 설득시키는 데 많은 도움이 될 수 있습니다. 그러나 이것이 문제가 있는 것입니다.

우리는 거룩한 하나님의 이름을 이와 같이 함부로 무의미한 약속이나 절제되지 아니한 서약으로 맹세하는 일에 사용해서도 안 되고 금지해야 된다는 것입니다.

### 저주하지 말라

두 번째 해석은 하나님의 이름을 사용해서 저주하면 안 된다는 것입니다. 신명기 10장 8절은 "그때에 여호와께서 레위 지파를 구별하여 여호와의 언약궤를 메게 하며 여호와 앞에 서서 그를 섬기며 또 여호와의 이름으로 축복하게 하셨으니 그 일은 오늘까지 이르느니라"고 말합니다. 레위 지파의 임무 가운데 하나가 축복하는 일이며, 축복하기 위해서는 얼마든지 하나님의 이름을 사용할 수 있으나 저주할 때는 하나님의 이름을 사용해서는 안 된다는 것입니다. 실제로 그 당시의 유물 중에서 하나님의 이름으로 다른 사람을 저주한 저주 문서들이 발견되었습니다. 당시는 하나님의 이름으로 다른 사람을 저주하면 실제 그 말 자체에 능력이 담겨서 그렇게 된다고 믿었던 시대였습니다.

그러나 오늘날 우리들도 분노하고 경악에 찬 감정을 나타낼 때 하나님의 이름으로 저주하는 일들이 많이 있습니다. 예를 들어 누군가에게 억울함을 당할 때 "하나님이 살아 계시다면 가만두시지 않을 것이다"와 같은 말을 쓰는데, 이와 같이 불쾌한 감정에서 누군가를 저주하는 마음의 표현으로 하나님의 이름을 남용해서는 안 됩니다.

더욱이 신앙인에게 저주라는 단어는 있을 수 없는 단어입니다. 로마서 12장 14절에서 "너희를 박해하는 자를 축복하라 축복하고 저주하지 말라"고 하였고, 누가복음 6장 28절에서도 "너희를 저주하는 자를 위하여 축복하며 너희를 모욕하는 자를 위하여 기도하라"고 하셨습니다.

예수님께서는 일찍이 제자들을 파송하시면서 이렇게 말씀하셨습니다. "너희는 나가 전도할 때에 어느 집을 가든지 부지런히 복을 빌라. 무조건 복을 빌라. 복을 받을 집이든 못 받을 집이든 가리지 말고 무조건 복을 빌라. 복을 빌 것이지 비판도 저주도 말라. 설사 욕을 당해도 네 입으로 욕하지는 말라."

어떤 경우에도, 혹 맞아 죽는 한이 있더라도 저주하는 일이 있다면 그는 기독교인이 아닙니다. 순교를 하더라도 말이 없어야 합니다. 오히려 나를 죽이는 자를 위하여 복을 빌어야 하는 것입니다. 기독교인은 누구도 저주할 자격이 없습니다.

> "혀는 능히 길들일 사람이 없나니
> 쉬지 아니하는 악이요 죽이는 독이 가득한 것이라
> 이것으로 우리가 주 아버지를 찬송하고
> 또 이것으로 하나님의 형상대로
> 지음을 받은 사람을 저주하나니
> 한 입에서 찬송과 저주가 나오는도다
> 내 형제들아 이것이 마땅하지 아니하니라"(약 3:8-10).

그러므로 무의식중에서라도 불쑥 좋지 않은 말이 나왔다면 그 원인이 나에게 있음을 알고 진실을 찾아 회개해야 합니다. 하나님의 이름으로 저주한다는 것은 절대 있을 수 없는 일이라는 것을 우리는 기억해야 합니다.

## 장애는 하나님의 저주가 아님

우리가 살아가는 세상은 장애인에 대한 바른 인식의 부족으로 비정상적으로 바라보는 시각이 있습니다. 특별히 불교나 유교, 힌두교권에서는 장애를 죄의 결과 혹은 전생의 죄의 결과로 보는 관점이 그 사회를 강하게 지배하고 있기 때문에 그 사회 속에서 장애인들은 대단히 힘들어하며 그들의 가족들도 적지 않은 고통을 당하고 있습니다.

비록 신체적 장애를 갖고 있다고 할지라도 모두가 똑같이 하나님의 형상으로 창조된 존귀한 존재라는 사실을 잊지 말아야 합니다. 우리는 하나님 앞에 신체적, 정신적, 인격적, 영적으로 온전한 사람은 없다는 것을 알고, 어느 누구든지 차별하거나 차별당하는 일 없이 서로의 약한 부분을 세워 주며 협력하는 맑은 영혼의 소유자가 되어야 합니다.

예수님 당시의 사람들도 장애인에 대해서 좋은 않은 시선을 가지고 있었습니다. 사람들은 무엇보다 장애인이 된 것이 "자기의 죄로 인한 것이냐, 아니면 부모의 죄로 인한 것이냐?"라고 예수님께 물었습니다. 예수님은 요한복음 9장 3절에서 "예수께서 대답하시되 이 사람이나 그 부모의 죄로 인한 것이 아니라 그에게서 하나님이 하시는 일을 나타내고자 하심이라"고 말씀하셨습니다. 이 말씀은 그 사람의 인생 속에 하나님의 특별한 계획과 섭리가 있다는 것입니다. 여기에 대해서 사람은 대답을 할 수 있는 존재가 아닙니다.

그런데 사람들은 선천적이든 후천적이든 장애의 아픔을 가지고 살아가는 사람들에게 부모를 이야기하고, 과거의 죄로 인한 저주라는 말을 합니다. 정말 잘못된 이야기입니다.

사실 이러한 장애는 남의 이야기가 아닙니다. 세계보건기구에 의하면 전 세계 인구의 10%가 장애인이라고 말하고 있습니다. 이 비율에 의하면, 10명 중 한 명이 장애인이라면 우리 가족 중에 장애인이 한 명은 있다는 것입니다.

통계적인 자료에 의하면 우리나라 장애인 중 선천적 장애인은 4%에 불과합니다. 90% 이상이 후천적 장애인입니다. 장애인의 대부분은 건강하게 살다가 교통사고, 재해, 질환이나 사고들로 장애를 입습니다. 후천적 장애의 비율은 갈수록 증가하고 있습니다. 장애는 죄로 인한 결과가 아닙니다. 누구나 수많은 사고와 사건 속에 장애인이 될 수 있습니다.

우리는 장애인뿐만 아니라 사회적 약자들에 대해서도 함부로 말하거나 잘못된 시선으로 보아서는 안 됩니다. 하나님께서는 잠언 14장 31절에서 "가난한 사람을 학대하는 자는 그를 지으신 이를 멸시하는 자요 궁핍한 사람을 불쌍히 여기는 자는 주를 공경하는 자니라"고 하시면서 가난하고 어려운 사람을 도와주는 것을 곧 하나님께 한 것으로 동일시하고 있습니다.

마태복음 25장 40절에 "지극히 작은 자 하나에게 한 것이 곧 내게 한 것이니라"고 말씀하셨고, 반대로 45절에서 "지극히 작은 자 하나에게 하지 아니한 것이 곧 내게 하지 아니한 것이니라"고 예수님께서 말씀하셨습니다.

하나님은 모든 사람을 사랑하시지만 특별히 연약한 자를 더 사랑하십니다. 힘들게 사는 고아, 과부와 나그네 등 약한 사람을 보호하도록 계명을 만들어서 지키게 하셨습니다.

> "너희가 너희의 땅에서 곡식을 거둘 때에 너는 밭 모퉁이까지 다 거두지 말고 네 떨어진 이삭도 줍지 말며 네 포도원의 열매를 다 따지 말며 네 포도원에 떨어진 열매도 줍지 말고 가난한 사람과 거류민을 위하여 버려두라 나는 너희의 하나님 여호와이니라"(레 19:9-10).

약자를 위해서 하신 이 말씀은 모든 사람이 다 잘살기를 원하셨기 때문입니다.

우리는 삶의 자리에서 나보다 연약한 부분이 있는 사람에게는 더 마음의 관심을 가지고 깊이 공감하려고 노력하고, 그들을 겸손한 마음으로 섬기면서 회복과 치유가 있는 아름다운 세상으로 만들어 가야 합니다.

우리는 장애인을 우리와 동등한 사람, 똑같은 하나님의 형상을 가진 사람으로 대우해야 합니다. 장애인들을 불쌍하게 동정의 대상으로 보지 말고 나와 정상적인 인격적 관계를 유지하는 당당한 자연인으로 바라봐야 합니다. 우리 모두가 장애인이라는 이유로 차별하거나 차별당하는 일 없이 서로의 약한 부분을 세워 주며 협력하는 삶을 사는 아름다운 사람이 되기를 바랍니다.

## 거룩하신 이름에 합당한 삶

우리는 하나님의 이름을 부를 때에 두려운 마음으로 경외하는 태도로 불러야 합니다. 왜냐하면 하나님의 이름에는 하나님에 관한 성품과 능력이 담겨 있기 때문입니다. 하나님은 거룩하신 분이십니다. 거룩하신 하나님을 망령되게 하지 말아야 합니다. 주기도문에서 "거룩히 여김을 받으시오며"라고 수동형으로 기도하는 것은 기도하는 주체가 하나님을 거룩히 여기겠다는 능동적인 결심이 포함된 것입니다. 즉 "거룩히 여김을 받으시오며"라는 기도에는 내가 하나님의 이름을 더럽히지 않고 그 거룩함을 드러내겠다는 뜻이 포함되어 있습니다.

하나님은 스스로 거룩하신 분입니다. 우리는 스스로 거룩하신 하나님을 더 이상 거룩하게 할 수 없습니다. 하나님의 이름은 우리가 그의 이름을 거룩하게 하기 전에 이미 거룩하십니다. 단지 우리에게는 하나님의 거룩하심이 손상되지 않도록 해야 하고, 그분의 거룩하심이 높이 들려 영광 받으시도록 해야 할 임무가 있을 뿐입니다.

하나님은 나의 생활, 나의 고백, 나의 모든 것을 통해서 그의 이름이 참으로 거룩하고 존귀하고 영광스럽게 나타나기를 원하고 계십니다. 우리는 삶 속에서 하나님의 거룩한 이름이 손상되지 않도록 해야 합니다. "이같이 너희 빛이 사람 앞에 비치게 하여 그들로 너희 착한 행실을 보고 하늘에 계신 너희 아버지께 영광을 돌리게 하라"(마 5:16)는 말씀처럼 우리의 착한 행실을 통해 하나님의 영광을 드러낼 때 바로 그 자리에서 하나님의 이름은 거룩하게 됨을 알아야 합니다.

우리의 생활을 착한 행실의 삶으로 나타냄으로 거룩함을 드러내는 신앙인이 되어야 합니다. 지금도 믿지 않는 사람들은 우리를 향하여 요청하고 있습니다. 당신이 진정으로 예수를 믿고 구원을 받았다면 구원받은 자로서 구원에 합당한 생활의 증거를 보여달라는 것입니다. 정말 우리는 뼈를 깎는 마음으로 구원받은 자로서의 합당한 생활의 증거를 보여줄 수 있어야 합니다.

우리는 하나님의 이름을 망령되게 하지 말고, 그 거룩함을 드러내는 책임 있는 신앙인의 삶을 살아가야 합니다. 나의 삶을 통해서 하나님의 이름이 모욕을 당하고 부끄러움을 당하고 조롱을 당하는 것이 아니라, 나의 삶을 통해서 하나님의 이름이 거룩히 여김을 받을 수 있기를 바랍니다.

"여호와의 이름을 망령되게 부르지 말라"는 말씀은 믿음생활을 하면서 행해야 할 바른 서약을 제시해 주고 있습니다. 그것은 하나님의 존귀한 이름을 나의 입술과 삶으로 존중하게 여기고 경외하는 삶을 살아가라는 것입니다. 우리는 자신의 신앙의 자리에서 진정으로 하나님의 이름을 존중히 여기고 경외함이 나타나고 있는지 항상 점검할 수 있어야 합니다.

안디옥의 그리스도인들은 늘 그리스도를 생각하고, 그리스도를 위해 일하며, 낮에는 그리스도를 위해 충성을 다하고, 밤에는 그리스도를 꿈꿨습니다. 그들의 의식과 사고는 그리스도로 젖어 있었습니다. 그리스도를 존귀하게 여기며, 그리스도를 나타내는 그리스도 중심의 놀라운 삶을 바라보고 살아갈 때 이러한 그리스도의 제자를 가리켜 안디옥의 시민들은 '그리스도인'이라고 부르기 시작했습니다.

즉 그리스도인이란 말 속에는 그리스도라는 말이 들어 있습니다. 우리는 그분과 같은 이름을 갖게 된 것입니다. 우리는 그리스도인으로서 그리스도의 영광스러운 이름 앞에 영광과 존귀를 돌리며 살아가야 할 사명이 주어져 있습니다. 우리는 진정한 그리스도인이 되어야 합니다.

루마니아의 푸로레스코 목사가 공산당에게 잡혀 옥에 갇히게 되었습니다. 심한 고문에도 불구하고 끝까지 굴하지 않고 '예수를 믿겠다'고 하자 공산당들은 그를 회유하기 위해서 비인도적인 방법을 사용했습니다. 그들은 그의 열한 살짜리 아들을 그의 앞에서 발가벗기고 거꾸로 매달아 끓는 물을 코에 부어 넣는 등 차마 눈뜨고 볼 수 없는 고문을 가했습니다.

푸로레스코 목사는 자기가 고문을 당하는 것은 견딜 수 있었으나 사랑하는 아들이 피투성이가 되어 고문을 당하며 죽어 가는 모습은 도저히 볼 수가 없어서 참다못해 외쳤습니다. "멈추시오! 내가 예수님을 부인하겠소!" 그때 아들이 죽어 가면서 말했습니다. "아버지, 방금 말씀하신 것 취소하세요. 예수님을 부인하지 마세요. 저는 예수님을 배신한 아버지의 아들이 되고 싶지 않습니다." 아들의 이 말에 용기를 얻은 푸로레스코 목사님은 끝까지 공산당에 항거할 수 있었다고 합니다.

어려운 현실이 눈앞에 펼쳐진다 해도 하나님의 존귀한 이름을 일상적인 언어생활에서뿐만 아니라 삶 속에서도 존귀하게 여기고 경외할 수 있어야 합니다.

이스라엘 사람들은 거룩한 하나님의 이름을 두려워하여 함부로 부르지도 못하였습니다. 지금도 버려진 휴지조각을 밟지 않는 유대인들이 있다고 합니다. 행여라도 인쇄된 글자 속에 하나님이라는 이름이 있으면 하나님을 짓밟는 것이 된다고 생각하는 것입니다. 우리 모두 하나님의 이름을 악용하거나 남용하지 말고, 함부로 무의미한 약속에 맹세하거나 저주하지 않기를 바랍니다.

제3계명 "너는 네 하나님 여호와의 이름을 망령되게 부르지 말라"는 말씀을 긍정문 형식으로 바꾼다면, "너는 네 하나님 여호와의 이름을 합당하게 불러라"라고 말할 수 있습니다. 나의 입술과 마음으로 하나님의 이름이 거룩히 여김을 받게 할 뿐 아니라 그 이름을 합당하게 부를 수 있는 삶을 살아가야 한다는 것입니다. 삶의 자리에서 하나님의 이름을 더럽히지 아니하고 하나님의 이름의 존귀함을 드러내고 경외하는 자리에 설 수 있기를 바랍니다.

## 예화 나눔 폴리캅의 순교

폴리캅(Polycarp)은 요한계시록에 나오는 일곱 교회 중의 하나인 서머나 교회의 4대 감독이었으며, 안디옥의 이그나티우스의 제자이자 친구였습니다. 폴리캅은 본래 안디옥에서 AD 80년에 태어났고, 서머나 교회 감독으로 섬기다가 86세의 나이로 순교했습니다. 그는 사도 요한의 제자로 알려져 있어서 정통적 사도에서 곧바로 이어지는 속사도 교부(Apostolic Father) 가운데 한 사람입니다.

이러한 폴리캅에 대해 서머나에 있는 교회가 빌로멜리움(Philomelium) 교회에게 편지를 보냈습니다. 그 편지에는 서머나 교회의 감독이었던 폴리캅의 순교 장면이 아주 세밀하고 생생하게 묘사되어 있었습니다.

그 당시 통치자인 마르쿠스 아우렐리우스(Marcus Aurelius)는 처음에는 기독교에 대해 우호적이었습니다. 그러나 아첨하는 자들의 영향을 받아 기독교인들을 박해하기 시작했는데, 그의 박해는 매우 심하였고 기독교인들의 피해는 처참했습니다.

폴리캅은 자기를 염려하는 형제들과 함께 다른 곳으로 피신했으나 추적하는 무리들은 그곳까지 쫓아왔습니다. 무리들은 소년 두 명을 붙잡아서 그중 한 명에게 매질을 하면서 폴리캅이 숨어 있는 곳을 말하게 만들었습니다. 해 질 무렵 추적하는 무리들이 폴리캅이 있는 곳으로 왔을 때에, 그는 다락방에서 기도하고 있었고 더 이상 피신하지 않았습니다.

폴리캅은 쾌활하고 온유한 얼굴로 추적하는 무리들에게 말을 건냈습니다. 폴리캅을 본 적이 없는 그들은 놀라지 않을 수 없었습니다. 그들의 눈앞에 선 사람은 굳건하고 장엄한 얼굴을 한 노인이었으며, 이처럼 훌륭한 노인을 체포하기 위해 자신들이 그렇게 열정적으로 일했다는 사실이 그들을 놀라게 했습니다.

폴리캅은 조금도 주저하지 않고 제자들에게 그 사람들을 위해 식사를 준비하도록 하고 마음껏 먹도록 청했습니다. 그리고는 한 시간 동안만 방해 받지 않고 기도하게 해달라고 요청했습니다. 기도는 두 시간 넘게 계속되었고, 그 후에 무리들은 폴리캅을 나귀에 태워 서머나 시로 데려왔습니다. 그날은 큰 안식일이었습니다.

폴리캅을 맞은 헤롯 왕과 그의 부친 니세테스(Nicetes)는 폴리캅을 자기 마차에 태운 뒤 자리에 앉으라고 권하면서, "가이사를 신이라고 말하고 그에게 제사를 지내어 당신의 목숨을 구하는 것이 무엇이 그리 해로운 일이냐?"고 말했습니다.

폴리캅은 처음에는 아무 대답도 하지 않았습니다. 그러나 그들이 끈질기게 권면하자 폴리캅은 "나는 당신들의 충고대로 할 수 없습니다"라고 대답했습니다. 화가 난 헤롯 왕은 폴리캅을 저주하며 마차에서 밀어 버렸습니다. 폴리캅은 허벅다리를 삐었지만 꿋꿋하게 걸어서 경기장으로 끌려갔습니다.

폴리캅이 경기장으로 들어갈 때 하늘로부터 "폴리캅, 강건하라! 대장부답게 싸워라!" 하는 음성이 들렸습니다. 경기장이 너무 소란했기 때문에 그 음성을 들은 청중들이 많지는 않았지만 믿음의 형제들 중 다수가 그 음성을 들었습니다.

노령의 지방 총독 게르마니쿠스(Germanicus)가 재판정에 서게 되었습니다. 재판관은 폴리캅이 노인임을 생각하여 고문과 죽음을 당하느니 개심하도록 충고했습니다. 이때 폴리캅은 총독에게 이렇게 말했습니다.

"나는 86년 동안 그분을 섬겨 왔는데, 그동안 그분은 한 번도 나를 부당하게 대우하신 적이 없소. 그런데 내가 어떻게 나를 구원하신 나의 왕을 모독할 수가 있겠소?"

"나는 사나운 짐승들을 준비해 두고 있소. 만일 당신이 마음을 바꾸지 않는다면 당신을 그 짐승들에게 던져 버리겠소."

"그 짐승들을 부르시오. 우리는 선을 버리고 악으로 돌아서서는 안 되오. 오히려 악에서 돌이켜 덕을 택하는 것이 선한 일이오."

뜻을 굽히지 않는 폴리캅을 향해 총독이 마지막으로 위협했습니다.

"만일 당신이 마음을 바꾸지 않는다면 당신을 화형에 처하도록 하겠소."

"당신은 잠시 타오르다가 곧 꺼져 버리는 불로 나를 위협하고 있소. 왜냐하면 당신은 장차 임할 심판과 악인을 위해 예비된 영원한 형벌을 알지 못하고 있기 때문이오."

폴리캅의 신앙고백이 전해지자 경기장에 있던 유대인들과 이방인들이 폴리캅을 산 채로 태워 죽이라고 소리쳤습니다. 군중들은 상점이나 목욕탕으로부터 장작과 밀짚을 모아다가 단을 만들고 폴리캅을 그 위에 세웠습니다. 그들이 폴리캅을 큰 못으로 말뚝에 고정시키려 할 때 폴리캅은 이렇게 말했습니다.

"나를 이대로 두시오. 나에게 화형을 견뎌낼 힘을 주실 그분은 당신들이 못을 박지 않아도 장작더미 위에서 움직이지 않고 견딜 능력도 주실 것이오."

그들은 못을 박지 않고 그냥 말뚝에 묶었습니다. 폴리캅은 타는 불 속에서 마지막 기도를 드렸습니다.

"하나님 아버지, 저 같은 것을 순교자의 반열에 서게 해주시고 예수님의 고난의 잔에 참여시켜 주시는 이날에 감사 찬양을 드리나이다."

불이 붙어 강렬하게 타오르기 시작하자 이상하게도 불길이 폴리캅의 몸을 태우지 않고 좌우로 갈라져 그의 몸을 보호했습니다. 놀란 병사들이 장작더미에 올라가 칼로 폴리캅을 찔렀고 흘러나온 피가 불을 꺼버리고 말았습니다. 그러자 병사들은 다시 장작에 불을 붙여 화장하였습니다.

오늘날 그를 기념하는 교회가 터키의 이즈미르 시내 한복판에 있습니다. 역사적인 기념교회는 17세기 때 화재로 소실되고 현재 교회는 그 직후 1690년과 1898년에 재건된 것이라고 합니다. 기념교회 안에는 19세기 말 이 교회를 수리할 때 프랑스 화가 레이몽 페레가 그린 폴리캅의 생애와 관련된 성화들이 벽면을 채우고 있으며 그중에 순교 장면도 있습니다. 교회 내부는 겉모습과 다르게 잘 보존되어 있어서 순교자의 순수한 믿음과 뜨거운 사랑을 느낄 수 있습니다.

# 제사는,

## 안식일을 기억하여 거룩하게 지키라

"안식일을 기억하여 거룩하게 지키라
엿새 동안은 힘써 네 모든 일을 행할 것이나
일곱째 날은 네 하나님 여호와의 안식일인즉
너나 네 아들이나 네 딸이나 네 남종이나 네 여종이나
네 가축이나 네 문 안에 머무는 객이라도 아무 일도 하지 말라
이는 엿새 동안에 나 여호와가 하늘과 땅과 바다와
그 가운데 모든 것을 만들고 일곱째 날에 쉬었음이라
그러므로 나 여호와가 안식일을 복되게 하여
그날을 거룩하게 하였느니라" (출 20:8-11).

# 창문 열기

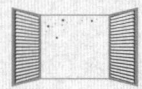

제4계명의 "안식일을 기억하여 거룩하게 지키라"는 말씀은 안식일을 창조의 완성의 날로서 하나님께 예배드리는 구별된 날로 지키라고 선포하신 말씀입니다. 그리고 하나님이 복 주시기를 약속한 날입니다. 하나님의 말씀에 순종하는 것이 곧 나를 보호하는 것이고, 내가 복을 받는 길입니다. 우리가 주일을 잘 지키고 소중하게 여기면 주일의 주인 되시는 주님께서 우리의 삶을 책임져 주시고 아름답게 만들어 가실 것입니다.

주일은 하늘의 창문을 열어 좋은 것으로 만족하게 하시고 새롭게 하시는 기쁨의 날입니다. 우리가 주일을 지키는 목적은 천지를 창조하시고 우리를 구원하여 주시고 거룩하게 하신 하나님의 사랑을 기억하고, 모든 것이 하나님의 은혜임을 인정하는 것입니다.

## 안식일을 기억하라

"안식일을 기억하여 거룩하게 지키라"

하나님께서 태초의 6일간 천지를 창조하시고 마지막 날인 7일째 쉬신 것을 기념하는 날이 안식일입니다. "안식일을 기억하라"는 것은 천지를 창조하시고 주관하시는 하나님의 섭리와 주권을 인정하며 살아가라는 말씀입니다.

'안식일'에 해당하는 히브리어 '하샤바트'는 '샤바트'라는 동사에서 파생된 명사입니다. '샤바트'(Shabat)는 '쉬다, 멈추다, 그치다'라는 의미로, 일체의 노동을 그치고 쉬는 것을 말합니다.

즉, 안식일은 천지를 창조하신 하나님이 쉬셨던 날을 뜻하는 것입니다. 하나님은 이날을 기억하라고 하셨습니다. '기억하라'는 단어의 히브리어는 '자코르'인데, 명령형으로 '반드시 기억하라, 마음속에 잘 간직하라, 언제나 유념해 두라'는 뜻입니다.

더 나아가서 '거룩하게 지키라'는 말씀은 히브리어 '카도쉬'인데 '따로 떼어 놓다, 거룩하게 여기다, 구별하다'라는 뜻으로, 하나님께 속한 날로 거룩하게 구별하여 지켜야 하고, 이날은 하나님께만 온전히 바치는 날임을 말씀하고 있습니다.

**"엿새 동안은 힘써 네 모든 일을 행할 것이나 일곱째 날은 네 하나님 여호와의 안식일인즉"**

'엿새 동안은 힘써' 일하라는 것은 안식일을 지키는 전제 조건입니다. 엿새 동안 삶의 자리에서 열심히 일한 사람만이 하나님께서 주신 안식을 풍성하게 누릴 수 있다는 말씀입니다. 즉, 6일과 안식일은 서로 연결되어 있습니다.

여기에서 '힘써'라는 단어는 '타아보드'인데 '일하다, 봉사하다'라는 뜻을 가지고 있는 '아바드'에서 유래한 단어로, 육체적으로 일을 하는 것만 말하지 않고 주위의 형제와 이웃에 대한 섬김까지 포함하는 의미가 있습니다.

간혹 주 5일 근무제는 하나님의 창조질서에 위배된 것 아니냐는 생각을 하기도 하는데, 5일이든 6일이든 직장생활을 성실하게 하고 5일이나 6일째에는 노동에 대한 대가의 수입이 아니어도 얼마든지 집안일을 포함해서 내 기술과 지식으로 사회봉사나 이웃에 대한 섬김과 나눔의 시간으로 보낼 수 있는 것입니다. 즉, 하나님께서 각자의 삶 속에 주신 사명을 성실하게 잘 감당하라는 말씀으로 받을 수 있어야 합니다.

그리고 "일곱째 날은 네 하나님 여호와의 안식일인즉"이라는 말씀은 안식일은 하나님께 속한 날로서 하나님 안에서 풍성한 쉼과 기쁨을 누리라는 명령입니다.

"너나 네 아들이나 네 딸이나 네 남종이나 네 여종이나 네 가축이나 네 문 안에 머무는 객이라도 아무 일도 하지 말라"

모든 사람과 피조물들이 하나님 앞에서 동일하게 쉬어야 한다는 것입니다. 나 혼자만 쉬는 것이 아니라 아들과 딸, 종, 가축까지도, 그리고 집에 머물고 있는 손님도 다 쉬게 하라는 것입니다. 즉, 어떤 특정인의 이기적인 날로 보내서는 안 되고 모든 공동체가 함께 쉬라는 날입니다. 여기에는 땅도 포함해서 6년 경작하고 7년째는 쉬게 하라는 뜻도 포함되어 있습니다. 하나님이 좋으시겠다고 만드신 것이 아니고 모든 피조물들을 위해서 만들어 놓으신 것입니다.

'너나'라고 하신 뜻은 너와 같이 쉬게 하라는 것입니다. 쉬는 데 있어서 어떤 사람도 소외되지 않게 모든 사람들을 쉬게 하시려는, 약자를 보호하시기 위한 하나님의 사랑이 담겨 있습니다. 모두가 평등하다는 것입니다.

안식일은 그 이웃과 심지어 짐승까지도 함께 노동에서 벗어나 안식에 참여하게 함으로써 그 모든 것의 생명의 근원이 하나님이심을 증거하는 날임을 알 수 있습니다.

"이는 엿새 동안에 나 여호와가 하늘과 땅과 바다와 그 가운데 모든 것을 만들고 일곱째 날에 쉬었음이라"

하나님께서는 천지를 창조하시고 자신의 백성들이 안식의 참된 의미를 알고 지키기를 원하고 계십니다.

창세기 2장 2절은 "하나님이 그가 하시던 일을 일곱째 날에 마치시니 그가 하시던 모든 일을 그치고 일곱째 날에 안식하시니라"고 말합니다. 여기서 '안식'의 언어적 의미는 '쉼'을 표현하지만 하나님이 안식하셨다는 의미는 우리가 일반적으로 생각하는 '쉬다'라는 의미와는 아무런 상관이 없습니다.

하나님께서 엿새 동안 천지를 창조하셨으나 우리는 그것을 피곤의 개념이나 노동으로 이해하지 않습니다. 하나님께서 안식하셨다는 의미는 하나님의 백성들에게도 요구되는 하나님의 영광과 연관 지어서 설명되어야 합니다. 하나님께서 이스라엘 백성에게 안식일날 일을 하지 못하도록 하신 것은 하나님의 백성의 삶은 자기 능력이나 노동력에 달려 있는 것이 아니라 하나님을 예배함으로써 그 영광에 참여함에 있음을 가르치는 것입니다.

**"그러므로 나 여호와가 안식일을 복되게 하여 그날을 거룩하게 하였느니라"**

원문에 '복'이라는 단어는 '베라크'인데 이 뜻은 '축복하다, 복을 주다'라는 의미를 가지고 있습니다. 하나님은 전능하시기에 모든 능력과 축복을 다 가지고 계십니다. 하나님은 메마른 광야에서 이스라엘 백성들을 먹이시기에 풍족한 양식을 하늘 창고에 보관하시고 때를 따라 만나를 내려 먹여 주셨습니다. 하나님은 그의 자녀가 어디를 가든지 책임져 주시는 분이십니다. 안식일을 준수하는 자에게는 풍성하게 예비하신 하늘의 복과 즐거움을 주신다는 것입니다.

하나님은 지금도 이 말씀 속에 뿌리를 내리고 살아가는 자를 찾고 계십니다. 하나님께서는 안식일을 거룩하게만 하신 것이 아니라 복되게 하셨습니다. 이날을 거룩하게 지키려는 의지와 결단을 가지고 열심히 살아가는 가운데 하늘의 복을 받아 누리는 생애가 되기를 바랍니다.

## 주일은 하나님의 언약의 표지

구약에서 하나님의 백성들이 안식일을 지키는 것은 세상 사람들과 구별되게 살아가기를 원하시는 하나님의 언약의 표지였습니다.

출애굽기 31장 16-17절을 보면 "이같이 이스라엘 자손이 안식일을 지켜서 그것으로 대대로 영원한 언약을 삼을 것이니 이는 나와 이스라엘 자손 사이에 영원한 표징이며"라고 말하고 있습니다. 신명기 5장 15절에도 보면, "너는 기억하라 네가 애굽 땅에서 종이 되었더니 네 하나님 여호와가 강한 손과 편 팔로 거기서 너를 인도하여 내었나니 그러므로 네 하나님 여호와가 네게 명령하여 안식일을 지키라 하느니라"고 말합니다.

이는 애굽에서 구원 받았기 때문입니다. 안식일을 지키는 것은 구원받은 언약의 표지가 되는 것입니다. 즉 주일은 주님으로부터 구원받은 백성들이 지켜야 하는 언약의 표지가 되는 것입니다.

그러므로 교회는 언약의 표지로 주일을 잘 지켜야 합니다. 그러나 그것이 구약의 율법을 기본으로 한 안식일처럼 지켜야 함을 말하는 것은 아닙니다. 성도가 주일을 지키는 것은 하나님의 언약과 역사적 소명 가운데 모든 소망이 주님께 있음을 인식하며 누리는 것입니다.

구약의 안식일이 하나님의 영광과 관련된 날이었듯이 그날이 모델이 되어 주님께서 부활하신 안식 후 첫날이 주일의 의미를 드러내게 됨을 기억해야 합니다. 우리가 주님께서 부활하신 안식 후 첫날을 특별히 주일로 지키는 것은 하나님께서 자기 백성들에게 베푸신 은혜입니다. 그날을 특별히 주일(Lord's Day)로 허락하신 것은, 천지와 인간을 창조하신 하나님께서 스스로 이룩하신 놀라운 일을 교회로 하여금 역사 가운데서 기억하게 하시는 언약적 경륜인 것입니다.

우리는 주일을 통해 하나님의 영광과 그의 영원한 안식을 기억해야 합니다. 하나님께서 지상의 교회가 안식 후 첫날을 주일로 지키도록 명령하신 것은 성도들에게 주신 특별한 은총입니다.

그러므로 지상의 모든 교회들은 그 언약을 기억하는 가운데 안식 후 첫날 주님의 부활을 기억하며 하나님께 공적 예배를 드려야 합니다.

주일은 자신의 백성을 보호하시고 하나님의 자녀로서 삶의 풍성함을 누리도록 주신 자유와 은혜를 경험하도록 하나님께서 만드신 언약의 날입니다. 우리에게 주일은 예수 그리스도로 인하여 구원을 얻는 언약의 표지임을 기억하고, 그 구원의 은혜와 감사를 기쁨으로 찬양하며 영광을 올려드려야 합니다.

## 안식일에서 주일로

유대인들의 안식일은 금요일 저녁부터 시작되어 다음 날인 토요일 해가 지기 전까지입니다. 유대인들은 창세기 1장 5절의 "저녁이 되고 아침이 되니 이는 첫째 날이니라"는 말씀과 같이 금요일 오후부터 어머니가 집 안의 어둠을 밝히는 순서로 시작됩니다. 해가 지면 전등을 켤 수 없기 때문에 타이머로 맞춰 놔서 자동으로 켜지게 해놓고, 안식일에 먹을 음식을 준비하고, 집안 청소도 깨끗이 합니다. 자녀들 목욕을 시키고 회당에 입고 갈 깨끗한 옷도 준비를 합니다.

유대인들은 어떤 경우라도 안식일에는 화를 내지 않으며, 가족 간에도 기쁨으로 좋은 분위기 가운데 보냅니다. 유대인이 안식을 지키지 않는다면 유대인임을 부정하는 것이 됩니다. 안식일은 유대 민족의 정신입니다.

유대인들의 안식일은 토요일이지만, 현재 그리스도인들이 지키는 안식일은 안식 후 첫날인 일요일입니다.

이날은 예수님이 부활하신 날입니다. 고린도전서 16장 2절을 보면 "매주 첫날에"라고 말함으로 이미 초대교회가 안식일과 주일을 겸하여 지키고 있었음을 알 수 있습니다. 물론 주일이 지켜지기 시작한 날짜를 정확하게 알 수는 없지만 점차적으로 주일을 더욱 중요하게 여김으로써 기독교는 안식일이 아니라 주님이 부활하신 날을 주일로 지키게 되었습니다.

그런 가운데 로마 제국의 콘스탄티누스 대제(Constantinus, 304-337)가 주후 321년에 일요일을 모든 시민의 일반적인 정식 공휴일로 선포하였습니다. 콘스탄티누스의 결정으로 교회는 안식일이 첫 창조의 절정이지만 주님이 부활하신 주일은 두 번째 창조의 절정임을 제시하면서 안식일이 아니라 주일을 예배와 휴식의 날로 정하게 되었습니다. 여기에는 천지창조와 예수님의 부활 같은 다양한 신학적 요인과 그 당시 교회가 처한 시대적 상황들이 결정적인 역할을 한 것 또한 사실입니다.

주일(Lord's day)은 '주님의 날, 그 주님께 속한 날'을 줄여서 부르는 말입니다. 예수님은 마태복음 12장 8절에서 "인자는 안식일의 주인이니라"고 말씀하셨습니다. 또한 복음서에서 예수님은 의도적으로 안식일 규정을 어기면서 예수님 자신의 정체성을 드러내 보이셨을 뿐만 아니라 유대인들과의 안식일 논쟁에서도 모두 예수님이 안식일의 주인 되심을 드러내셨습니다.

안식일의 주인은 예수님이시기에 예수님이 부활하신 날은 우리 믿음의 사람들에게 특별한 의미를 갖게 되었습니다. 그분의 자녀 된 우리도 동일한 자격으로 주일을 생각해야 한다는 것입니다. 그러므로 예수 그리스도 안에서 안식을 누리게 된 우리는 유대인들의 안식일 규정을 그대로 지킬 필요가 없습니다.

주일은 하나님의 백성인 유대인들이 하나님으로부터 받아서 수천 년 동안 지켜 행하던 형태에 생명력을 불어넣은 것이라고 말할 수 있습니다. 안식일은 그림자이고 형태라고 한다면 주일은 본질이고 본체라고 말할 수 있습니다.

안식일은 주일을 통하여 완전케 되었기에 구원받은 백성으로서 거룩한 삶을 보여주는 신앙인의 표지라는 관점으로 이해되어야 합니다. 즉, 개인과 가족 공동체가 함께 여가활동을 하거나 주일에 물건을 사고파는 매매 등을 금지해서는 안 됩니다. 그리스도인으로서 하나님 앞에 예배드리고 나아가는 일은 안식일 규정의 준수와 상관없이 각자가 이루어 가야 할 경건의 의무이고 특권이기 때문입니다.

앞에서도 언급했지만 신약시대 성도들이 한 주의 첫날에 정기적으로 예배를 드린 것은 확실하지만 구약의 안식일처럼 어떤 일을 금한다던가 그렇게 규정하려고 시도한 적은 없습니다. 주일은 주님의 부활의 날로 기념의 의미를 가지고 있을 뿐입니다. 즉 주일이라는 틀 안에 하나님이 창조하신 안식의 정신을 가지고 이 시대에 어떻게 해야 참된 안식의 회복을 이루어 갈 것인지 노력해야 합니다.

결론적으로, 안식은 '쉼'을 말하는데 영어 '레크리에이션'(recreation)이라는 말입니다. 어원을 보면 're'(다시), 'create'(창조하다), '-tion'(것)입니다. 즉, 쉬는 시간은 새로운 것을 창조하는 시간입니다. 엿새 동안 일할 때 내가 새로운 것을 일할 수 있도록 새로운 생각과 지혜와 아이디어를 가져다주고 새로운 희망을 가지고 일할 수 있도록 충전시켜 주는 역할이 바로 쉼에서 오는 것입니다.

우리가 주일에 교회 나와서 예배드리는 것이 레크리에이션입니다. 예배를 통하여 우리들의 모든 짐을 벗겨 주시고, 세상을 힘 있게 살아갈 수 있도록 새로운 힘과 능력을 주시고 은혜를 주시는 시간이 바로 쉬는 시간입니다. 이와 같이 그 안식을 어떻게 누리고 노력하며 실천하느냐 하는 데에 중요성이 있습니다.

더 나아가서는 다른 6일의 가치를 떨어뜨리는 시간적 이원론에 빠지지 말아야 합니다. 다른 날들도 하나님이 창조하신 날이라는 점을 기억하며 모든 날들을 하나님께 구별해 드릴 수 있어야 합니다.

　이런 의미에서 주일은 제7일만이 아니라 매일이 하나님께 드려지는 주일의 삶이 되도록 해야 할 것입니다.

## 부활절인 주일

　주일은 주님이 부활하신 날을 기념하는 작은 부활절이라고 말할 수 있습니다. 주일은 안식일의 주인이신 주님께서 완성하신 날이고, 제자들은 부활하신 주님에 대한 감사와 헌신으로 주일을 지킨 것입니다.

　신약의 복음서들의 내용을 보면 제자들은 안식일 다음 날 모임을 가지면서 성경을 읽고 성만찬을 나누었는데, 이것은 주님이 죽음으로부터 부활하신 날이었기 때문입니다. 그리고 이것은 주님이 오실 그날까지 계속될 것이라고 고린도전서 11장 26절에서 "너희가 이 떡을 먹으며 이 잔을 마실 때마다 주의 죽으심을 그가 오실 때까지 전하는 것이니라"고 분명히 말하고 있습니다.

　주일은 안식 후 첫날에 일어난 예수 그리스도의 부활에 뿌리를 두고 있습니다. 그리고 이날은 1세기 말부터 예수님의 부활에 감사하며 예배드리는 날로 변화되어 갔던 것입니다. 초대교회 성도들은 이미 주일을 예수 그리스도의 부활을 기념하여 지켜 왔습니다. 오늘은 사는 신앙인들도 부활에서 그 의미를 찾아야 합니다.

우리 기독교 신앙의 기초는 예수님의 생애나 교훈이나 가르침이나 많은 병자를 고치시고 죽은 자를 살리신 기적들에 있지 않습니다. 또한 십자가에서 죽으심에 있는 것이 아닙니다. 기독교의 신앙은 예수님께서 죽은 자 가운데서 다시 사심으로, 부활하심으로 그 절정을 이룬 영원한 생명 위에 기초하고 있습니다. 심장이 생명을 주는 피를 온몸에 공급해 주는 것과 같이 부활은 바로 복음의 심장이며 기독교의 심장입니다. 기독교 진리의 전 영역에 생명을 공급해 주는 것입니다. 이것이 모든 종교와 다른 점입니다.

기독교는 2천 년의 역사가 지나는 동안 거듭되는 과학의 발전에도 불구하고 하나님께서 천지를 창조하셨다는 사실과 예수님의 탄생과 죽음과 부활의 사실을 단 한 번도 양보한 적이 없습니다. 그만큼 이 일에 자신이 있고 생명을 내어놓으면서까지도 정확하고 확실하다는 것입니다.

특별히 부활 사건에 대해서 사도 바울은 고린도전서 15장 전체에서 "만일 참으로 부활이 없다면 왜 내가 이처럼 복음을 전하면서 이 땅에서 힘들고 어렵고 험난한 삶을 살아야 하는가. 만일 그리스도 안에서 우리가 바라는 것이 다만 이생뿐이라면 모든 사람 가운데 우리가 더욱 불쌍한 자일 것이다. 내 사랑하는 형제들아, 견실하며 흔들리지 말고 항상 주의 일에 더욱 힘쓰는 자들이 되라. 이는 너희의 수고가 주 안에서 헛되지 않을 줄을 앎이라"고 고백하고 있습니다. 그는 부활의 소망과 믿음으로 단두대에서 목이 떨어져 나가는 마지막 순간까지도 예수님의 이름을 부르다가 죽음을 맞이했습니다.

17세기 과학혁명의 상징적인 인물인 유명한 과학자 아이작 뉴턴(Sir Issac Newton)이 나이가 많아 죽음을 앞두고 있을 때였습니다. 그 유명한 과학자가 아무것도 모릅니다. 자기 나이도, 이름도 모릅니다. 물론 그를 찾는 방문자들은 기억조차 하지 못합니다. 천재적인 과학자에게 일어난 말도 안 되는 이 일이 너무도 기가 막힌 한 사람이 물었습니다. "선생님, 그럼 지금은 도대체 무엇을 아십니까?" 이 질문에 뉴턴은 이렇게 대답했다고 합니다. "나는 확실하고 분명하게 아는 것이 있는데, 그것은 내가 죄인이라는 것과 예수님이 내 구주가 되신다는 것일세."

그렇습니다. 우리가 다 잊어버리고 내 생일과 이름까지 잊어버릴지라도 예수님이 내 구주가 되시고 부활의 첫 열매가 되심은 절대적으로, 어느 한순간에도 잊어버리지 않기를 바랍니다. 더 나아가서는 "이 예수를 하나님이 살리신지라 우리가 다 이 일에 증인이로다"(행 2:32) 하며 순교한 제자들처럼 이 땅에 사는 동안 일평생 부활 신앙이 삶의 축이 되고, 구심점이 되고, 중심이 되기를 바랍니다.

**행복으로 가는 길**

구약의 이스라엘 백성은 안식일을 지켰습니다. 그러나 오늘 우리는 주일을 안식일로 지키고 있습니다. 주일은 예수 그리스도께서 우리를 위하여 십자가에 죽으시고 우리에게 생명을 주신 부활의 날입니다. 모든 죄와 저주에서 우리를 구원해 주신 구원의 날이 바로 주일입니다.

이날은 죄에서 해방된 구원의 백성으로 손에 끼었던 구원의 반지를 다시 확인하고 생명을 공급받는 날입니다. 그래서 우리는 이 날 교회에 나와서 성령의 인도하심을 받아, 구원하심이 우리 하나님과 어린양 예수님께 있다고 고백하면서 예배를 드리는 것입니다.

하나님의 자녀가 되고 구원받은 백성으로서 지켜야 할 가장 큰 의무가 있다면 그것은 바로 하나님 앞에 예배를 드리는 것입니다. 이 의무를 신실하게 행하는 신앙인이 되어야 합니다. 예배를 소홀히 해서는 안 됩니다. 하나님의 자녀는 주일과 함께 살고, 주일을 기다리는 백성입니다.

> "온 땅이여 여호와께 즐거운 찬송을 부를지어다
> 기쁨으로 여호와를 섬기며 노래하면서
> 그의 앞에 나아갈지어다 여호와가 우리 하나님이신 줄
> 너희는 알지어다 그는 우리를 지으신 이요
> 우리는 그의 것이니 그의 백성이요
> 그의 기르시는 양이로다"(시 100:1-3).

우리가 하나님 앞에 예배드리는 것은 마땅합니다. 우리는 그의 양이요, 그의 백성이요, 그의 것이기 때문입니다. 우리가 주일을 잘 관리하고 지키고 사랑하고 주일 안에 거하고 주일을 소중히 여기면 주일이 우리의 삶을 인도해 주는 것입니다.

주일을 항상 사모하며 우리의 삶이 항상 주일에 맞추어져 있어야 합니다. 일주일의 계획은 언제나 주일을 중심으로 세워야 합니다. 모든 시간들을 내가 먼저 쓰고 나서 나머지 시간으로 예배의 자리에 나와서는 안 됩니다. 우리는 주일에 교회에 함께 모여서 하나님을 영화롭게 하는 일에 삶의 최우선적인 목표를 두고 살아야 합니다.

하나님은 만물을 창조하시고 다스리시는 분이십니다. 창조자를 떠나서, 온 만물을 다스리시는 분을 떠나서 인간이 잘될 수는 결코 없습니다.

주일은 하나님께서 우리에게 필요한 모든 은혜를 주시기 위하여 만들어 놓으신 날입니다. 야고보서 1장 17절에서는 "온갖 좋은 은사와 온전한 선물이 다 위로부터 빛들의 아버지께로부터 내려오나니"라고 말씀하였고, 골로새서 2장 3절에서도 "그 안에는 지혜와 지식의 모든 보화가 감추어져 있느니라"고 말씀하고 있습니다.

주일은 누군가에게 헌신하고 섬기는 그것에 목적이 있는 것이 아니라 내가 거두는 날입니다. 주일을 거룩하게 지키는 자에게는 하나님의 복이 임하게 되어 있습니다. 어떻게 하면 주님을 기쁘게 해드리고 주님이 주신 이 계명을 잘 지켜 나갈 수 있을까 하는 것이 우리 모두의 고민이 되어야 합니다.

사도행전 11장 23절을 보면, 바나바는 안디옥 교회에 가서 "굳건한 마음으로 주와 함께 머물러 있으라"고 했습니다. 나를 구원하신 주님, 나를 구원하신 주일에 우리는 주님께 머물러 있어야 합니다. 주님 안에 머물러 있어야 땅에서도 안식을 누리고, 이 땅을 떠나서도 영원한 안식의 나라로 갈 수 있는 것입니다.

다음과 같은 유명한 말이 있습니다. "하나님의 사람은 주일을 지난 그다음 월, 화, 수요일을 그 주일의 기쁨과 감격 속에 지내야 하고, 나머지 3일인 목, 금, 토는 다가오는 주일을 기대하면서 하나님의 은혜를 체험할 그날을 소망하며 살아야 한다."

우리가 이와 같이 할 때 그 주일을 중심으로 모든 날이 하나님의 날이 될 것입니다.

주일을 온전히 하나님께 바치는 것은 나머지 모든 날을 하나님으로부터 보장받는 길입니다. 주일을 기억하여 내가 하는 일을 중단하고 거룩하게 지키는 자에게 주님께서 그의 생애를 책임져 주시고 복되게 하실 것입니다. 주일을 지키는 사람은 개인이나 민족이나 국가나 모두 하나님의 은혜와 영광을 누리게 될 것입니다.

시편 95편 5-6절에 "바다도 그의 것이라 그가 만드셨고 육지도 그의 손이 지으셨도다 오라 우리가 굽혀 경배하며 우리를 지으신 여호와 앞에 무릎을 꿇자"라고 했습니다. 우리는 하나님 앞에 나아가서 하나님을 최고로 높이는 마음으로 예배드려야 합니다.

> "내 영혼아 여호와를 송축하라 내 속에 있는 것들아 다 그의 거룩한 이름을 송축하라 내 영혼아 여호와를 송축하며 그의 모든 은택을 잊지 말지어다 그가 네 모든 죄악을 사하시며 네 모든 병을 고치시며 네 생명을 파멸에서 속량하시고 인자와 긍휼로 관을 씌우시며 좋은 것으로 네 소원을 만족하게 하사 네 청춘을 독수리같이 새롭게 하시는도다"(시 103:1-5).

우리가 하나님을 송축하고 예배드릴 때 하나님은 우리의 죄악을 사하여 주시고, 우리의 모든 병을 고쳐 주시고, 우리의 생명을 파멸에서 건져 주시고, 인자와 긍휼의 관을 씌워 주십니다. 하나님께서는 우리를 좋은 것으로 만족하게 하시고 독수리같이 새롭게 하신다고 약속하셨습니다.

주일은 세상의 어떤 날과도 비교할 수 없는 거룩한 날입니다. 하나님을 송축하는 날입니다. 창조의 날입니다. 생명의 날입니다. 구원의 날입니다. 안식의 날입니다. 하늘의 문이 열리고 새롭게 되는 기쁨의 날입니다. 이날은 하나님께서 우리에게 복 주시는 날임을 기억하고, 하나님을 영화롭게 하는 최고의 날로 영광을 돌릴 수 있기를 바랍니다.

 ## 주일에 취임하기를 거부한 테일러 대통령

미국의 제12대 대통령으로 선출된 재커리 테일러(Zachary Taylor) 장군이 헌법에 의해 1849년 3월 4일 대통령에 취임하게 되었는데, 마침 그날은 주일이었습니다. 신앙이 독실한 테일러 장군은 이날 취임하는 것을 거부했습니다. 많은 사람들이 국가적인 행사이므로 어쩔 수 없지 않냐며 설득하고 간청했지만 아무런 효력이 없었습니다.

헌법은 임기가 만료된 제11대 대통령 제임스 녹스 포크(James Knox Polk)가 대통령 직에 하루 더 머물러 있는 것을 인정하지 않으므로 하루 동안 국가 원수의 자리에 공백이 생기게 되었습니다. 하는 수 없이 테일러가 취임을 거부한 그 주일 12시부터 월요일 12시까지 24시간 동안 대통령 자리를 메울 임시 대통령을 상원에서 선출해야만 했습니다. 상원은 상원의장인 데이비드 라이스 애치슨(David Rice Atchison)을 임시 대통령으로 선출했습니다.

그러나 애치슨은 그로서의 금도를 발휘하여, 어떤 이유로도 깨우지 말라고 주위 사람들에게 당부해 놓고 토요일 저녁부터 잠자리에 들었습니다. 그리고는 월요일까지 그의 임기 24시간을 모두 잠으로 채워 버렸습니다.

하나님의 법도가 인위적인 법률보다 위에 있음을 믿고 주일날 취임을 거부한 대통령이나 24시간 동안의 국가 원수 직위를 위임받고도 의도적으로 아무런 권한도 행사하지 아니한 임시 대통령의 행동은, 미국 국민들의 신앙과 도의심과 절제력과 준법정신을 극명하게 대변하고 있습니다. 미국은 이러한 믿음의 정신으로 세계 최강의 나라로 발전했고, 하나님이 돌보시는 역사로 이루어진 것입니다.

  나와 내 가정의 자녀들까지도 주일을 거룩하게 여기고 지키는 삶이 되기를 소망합니다. 더 나아가서는 오늘의 삶과 우리의 시선이 하나님께로 향하여 하나님이 기뻐하시는 하루하루를 살아가는 가운데 하나님의 큰 은혜를 받아 누리는 삶이 되기를 바랍니다.

# 제오는,

## 네 부모를 공경하라

"네 부모를 공경하라 그리하면 네 하나님 여호와가 네게 준 땅에서 네 생명이 길리라"(출 20:12).

# 창문 열기

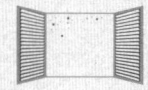

　제5계명은 나에게 생명의 통로가 되어 주신 "부모님을 공경하라"는 하나님의 절대적인 명령의 말씀입니다. 우리는 천하보다 귀한 생명을 부모님을 통해서 받았습니다. 그 이유 하나만으로도 부모님은 충분히 공경을 받을 이유가 있습니다. 우리는 내 생명 자체를 감사로 받아들이고, 그분의 아들딸 된 것을 최고의 영광으로 알고 공경할 때 이 땅에서 형통의 길이 열리게 됨을 알아야 합니다.

　성경에 나타난 믿음의 사람들은 모두가 효도하는 자녀들이었습니다. 믿음을 떠난 효는 없었습니다. 부모를 공경하는 것이 하나님의 자녀의 길이고 신앙인의 길입니다. 더 나아가서 제5계명은 부모님을 공경하는 것이 생명의 원천이 되시는 하나님을 공경하는 것이 됨을 말씀하고 있습니다.

## 부모를 공경하라

"네 부모를 공경하라"

히브리어 원문에서 '카베드'라는 단어를 쓰고 있는데, 카베드는 "네 재물과 네 소산물의 처음 익은 열매로 여호와를 공경하라"(잠 3:9)에서 '하나님을 경외한다'는 문맥에서도 사용되고 있는 단어입니다. 카베드는 '존귀하다, 무겁다'라는 뜻을 지닌 능동형 명령으로 '무겁게 여기다, 반드시 존경하라, 절대적으로 존귀케 하라'는 뜻을 가지고 있습니다. 즉, 부모를 공경하라는 뜻은 '부모님을 무겁게 여겨라, 부모의 존재를 소중히 여겨라, 부모님을 반드시 존경하라'는 말씀입니다. 그리고 존경의 반대말인 '칼랄'은 '가볍게 여기다, 가볍게 취급하다'라는 뜻인데, 부모를 가볍게 여겨서는 안 된다는 의미를 내포하고 있습니다.

더 나아가서 부모를 공경하라는 단어에 '카베드'를 사용한 데는 하나님을 섬기듯 하라는 뜻이 담겨 있다는 것을 기억해야 합니다. 우리가 하나님을 아버지라고 부르는 것에는 하나님과 아버지 사이에 유사성이 있기 때문입니다. "내가 아버지일진대 나를 공경함이 어디 있느냐"(말 1:6)라는 말씀에서는 하나님 공경과 부모님 공경을 동일시하고 있습니다. 부모님은 하나님의 대리자로서 권위에 합당한 존경을 인정받고 있습니다. 이것은 부모님을 공경하는 것이 얼마나 중요한 일인가를 말씀하고 있습니다. 부모님이 없다면 우리는 세상에 존재할 수 없습니다.

하나님은 부모님의 의지와 신체를 통하여 우리를 창조하셨습니다. 부모님을 공경하지 않는 것은 나에게 생명을 주신 부모님과 하나님을 모독하는 죄가 되는 것입니다. 우리는 부모님을 섬기면서 하나님을 섬기는 법까지 배우게 됩니다. 우리는 부모님을 하나님의 얼굴로 알고 섬기고 존중해야 합니다.

### "그리하면 네 하나님 여호와가 네게 준 땅에서 네 생명이 길리라"

부모님은 나에게 생명을 주신 분들로서, 부모님을 공경하는 것은 생명의 원천이 되시는 하나님을 공경하는 것이 됩니다. 부모를 공경하라는 계명을 준수하는 자에게 생명과 연관된 보상이 이 땅에서 장수의 복으로 주어지는 것을 말씀하고 있습니다.

"네 생명이 길리라"는 말씀은 이 땅에서 오래 사는 것뿐만 아니라 삶에 필요한 모든 것을 풍성하게 주신다는 말씀입니다. 히브리어 '야아리쿤'은 '길게 하여 주다, 연장시키다'라는 뜻을 지니고 있습니다. 이것은 우리의 생명을 주관하시는 하나님의 보호하심으로 범사가 형통하고 내 생명이 다하는 날까지 평생토록 함께한다는 의미가 포함되어 있습니다.

우리는 한편 이러한 질문을 갖게 됩니다. 하나님의 계명도 잘 지키고 부모님도 잘 공경하려고 애쓰며 살았는데도 일찍 죽게 되는 사람이 있는 반면 오히려 악인들이 오래 살고 형통하는 경우를 어떻게 받아들여야 하느냐는 것입니다. 예수님과 열두 제자들을 생각해 보면 예수님은 33세라는 짧은 삶을 사셨고, 제자들도 사도 요한 외에는 모두 젊은 날에 순교했습니다.

우리나라에 들어온 수많은 선교사들도 그들의 고국에서는 상위 1%에 속한 사람들이었지만 그 영광스럽고 부귀영화가 있는 평안하고 안락한 삶을 버리고 "땅 끝까지 이르러 내 증인이 되리라"는 주님 명령을 따라 낯선 이국땅에 와서 복음을 전하며 고생하며 살았습니다. 풍토병으로 본인뿐만 아니라 많은 자녀들이 죽었습니다. 이들이 이렇게 죽게 된 이유는 하나님의 명령을 거슬러서가 아닙니다.

우리는 인생의 참된 소망은 이 땅에서만 오래 사는 데 있지 않고 새 하늘에서 누리는 영원한 삶에 있음을 생각해야 합니다. 우리는 하나님의 정원 안에 있는 여러 가지 종류의 나무와 꽃들입니다. 장수의 복이란 하나님의 정원 안에 있는 한 그루의 나무로 그 안에 영원히 거하는 것이라고 말할 수 있습니다.

## 성경에서의 효의 모델

### 부모의 허물을 덮은 셈과 야벳

홍수 심판이 끝난 후에 노아의 가족은 농사를 시작하여 포도나무를 심었습니다. 하루는 노아가 포도주를 마시고 취하여 장막 안에서 벌거벗은 채로 잠이 들었습니다. 이때 아들 함이 아버지의 하체를 보고 나가서 형제들에게 알리며 흉을 보았습니다. 그러나 그 이야기를 들은 셈과 야벳은 옷을 취하여 자기들의 어깨에 메고 뒷걸음질로 들어가서 아버지의 하체를 보지 않고 덮어 주고 나왔습니다. 잠에서 깨어난 노아는 아들들이 행한 일을 알고 셈과 야벳에게는 축복을 하고, 함에게는 저주를 하게 됩니다 (창 9:20-27).

이는 부모님이 잘못된 실수를 했다고 해서 자녀가 부모를 잘못 대하면 안 된다는 교훈을 줍니다. 노아는 하나님의 명령을 받고 120년 동안 방주를 만든 성실한 사람이었습니다. 노아 때문에 그의 아들들도 구원을 받을 수 있었습니다. 그러나 함은 오늘이 있기까지 생명을 주시고 수고하신 아버지의 허물을 사랑과 존경의 마음이 없었기에 덮지를 못했습니다. 아버지의 허물을 드러내지 않고 덮어 주는 셈과 야벳의 진정한 존경의 모습이 우리에게 있어야 합니다.

또한 부모님에게는 하나님의 대행자로서의 축복권이 있습니다. 축복의 기준은 부모님의 마음을 얼마나 기쁘게 하느냐에 있습니다. 자녀들에게 부모님은 평가의 대상이 될 수 없는 무조건적으로 영원히 공경해야 할 하나님의 얼굴임을 잊지 않아야 합니다.

### 부모의 말씀에 순종하는 요셉

창세기 12장부터는 이스라엘의 족장들인 아브라함, 이삭, 야곱, 요셉의 이야기가 시작됩니다. 야곱의 열두 아들 중 요셉은 아버지의 사랑을 많이 받았습니다. 이를 시기한 형들은 요셉을 미워하여 애굽의 종으로 팔아 버렸습니다.

사실 요셉이 애굽으로 팔려가게 된 것은 아버지의 말씀에 순종하는 길에서 일어난 일입니다. 요셉은 형들이 자기를 시기하여 미워하는 것을 알고 있었지만 아버지가 세겜에서 양을 치는 형들에게로 심부름을 보내자 무거운 짐을 지고 머나먼 길을 순종하여 가게 됩니다. 그러나 형들은 이미 도단으로 옮긴 뒤라 되돌아올 수 있었지만 어떻게든 아버지의 말씀에 순종하기 위해 도단에 갔고, 거기에서 형들에 의해 죽을 뻔하게 되고 애굽의 종으로 팔리게 되었습니다.

요셉은 어릴 때부터 아버지의 말씀에 대해 순종이 습관화된 사람이었습니다.

결국 요셉은 종살이와 감옥생활을 했지만 하나님이 함께하심으로 애굽의 총리까지 되었습니다. 그리고 극적으로 형제들과 아버지를 만나게 되었습니다. 요셉은 아버지를 황금 수레로 모셔오게 하고, 맨발로 뛰어나가 아버지를 맞이하며 정성을 다해 모셨습니다. 그리고 아버지 야곱이 죽자 요셉은 아버지의 시신을 40일에 걸쳐 각종 향료를 사용하며 미라로 만들었고, 70일간 애곡하며 마지막까지 예를 다하여 공경하였습니다.

사실 히브리인들은 미라를 만들지 않고 매장을 하는데 아버지 야곱이 죽기 전에 남긴 "너는 나를 애굽에서 메어다가 조상의 묘지에 장사하라"(창 47:30)는 말씀에 순종하기 위해서 애굽 왕가의 전통에 따라 미라로 만들고, 국경을 넘기 위해서 외교적인 조치와 많은 병력의 보호가 필요한 어려움들을 극복하고 1000리(400km)나 되는 가나안 땅으로 가 막벨라 굴에 장사를 지냈습니다. 하나님은 이와 같이 부모님에게 순종한 요셉의 생애를 아름답게 연주하셨던 것입니다.

### 어머니를 염려하는 예수님의 효도

요한복음 19장 26-27절 말씀을 보면, "예수께서 자기의 어머니와 사랑하시는 제자가 곁에 서 있는 것을 보시고 자기 어머니께 말씀하시되 여자여 보소서 아들이니이다 하시고 또 그 제자에게 이르시되 보라 네 어머니라 하신대 그때부터 그 제자가 자기 집에 모시니라"고 했습니다.

예수님은 아버지 요셉이 일찍 죽자, 홀로 되신 어머니 마리아를 도와서 여러 동생들과 목수 생활을 하면서 가난한 살림을 이어왔을 것입니다. 예수님은 마지막 십자가를 지고 골고다 언덕을 향해 가실 때도 자신이 받는 고통보다 더 큰 고통을 느끼실 어머니를 잊지 않았을 것입니다. 그리고 마지막 십자가에서 고난을 받는 죽음의 현장에서도 어머니 마리아를 잊지 않았습니다. 사랑하는 부모님 앞에서 고통을 당하고 먼저 가는 것이 보여드리고 싶지 않고 죄송스럽지만 마지막 그 순간에 믿는 누군가에게 내가 못다 한 보살핌을 부탁하시는 예수님의 어머니를 향한 사랑의 마음을 우리는 배워야 합니다.

우리는 효도할 수 있는 조건과 환경이 허락되는데도 변명과 핑계로 효도하지 못하는 모습들이 너무나 많습니다. 그러나 예수님은 마지막 죽음의 상황과 현실 앞에서도 어머니를 더 염려하며 어머니를 향한 마음을 놓지 않으셨습니다. 이러한 예수님의 어머니를 향한 마음을 간직한 요한은 예루살렘 교회에 큰 핍박이 일어났을 때도 마리아를 모시고 안디옥을 거쳐 에베소로 가서 여생을 보살폈다고 전해지고 있습니다. 그리하여 지금도 에베소 뒷산 깊숙한 동굴에 요한이 마리아를 모신 곳이 발견되어 관광객들이 방문하고 있습니다.

부모님을 염려하고 돌보는 것이 예수님의 정신이요, 부모님을 공경하는 것이 예수님의 제자이고 신앙인의 길이라는 것을 알아야 합니다. 또한 부모님이 이 땅에 계시지 않는다면 부모님이 살아생전에 하신 말씀들을 기억하며 그 뜻을 받들어 살아가는 자녀가 되어야 합니다.

## 유교의 제사와 명당을 통한 효

### 유교의 제사 문화

오늘날 유교의 본거지인 중국이 종교를 전적으로 부인하는 사회주의사회가 되어 있는 만큼 유교의 세력은 대만과 유교의 영향을 받은 한국, 일본 등에서 명맥을 유지하고 있습니다. 어느 한 사람의 창설자가 없음에도 불구하고 유교가 사상체계 내지 실천도덕으로 종교의 이름을 띠게 된 것은 결국 공자(BC 551-479)의 공헌임은 틀림없습니다.

공자가 살던 춘추 말기의 시대는 정치적으로 부패가 만연한 혼란스러운 사회여서, 어떻게 하면 혼란한 사회를 바로잡을 수 있을까 하는 것이 관심사일 수밖에 없는 불안정한 시대였습니다. 공자는 이러한 사회적 혼란이 명(名)과 실(實)의 혼란에서 야기되었다고 보았습니다. 즉 인간이 각각의 지위에 따른 의무와 규범을 제대로 지키지 않음으로써 많은 하극상(下剋上)의 현상이 발생했다고 본 것입니다. 모든 인간관계에서 각자의 명분에 해당하는 덕을 실현함으로써 올바른 질서가 이루어질 수 있다는 것이 공자의 생각이었습니다. 그러므로 유교사상은 인간은 본래 선(善)하기 때문에 인(仁)과 덕(德)으로 통치하면 혼란한 사회를 바로잡을 수 있다는 것이었으며, 이를 받아들여 덕치주의(德治主義)와 명분론(名分論)을 내세운 사회가 조선의 유교사회였습니다.

태조 이성계(1335-1408)는 불교신자였지만 조선을 개국(1392)하면서 나라를 중앙집권화하기 위해서 유교를 선택했습니다. 1394년 한양으로 천도하며 도읍을 정할 때부터 궁성을 어디에 배치하고 백성은 어디에서 살아야 하는지 등 모든 것들이 유교적인 관점에서 600년 전에 이미 구상되었으며, 그 결과 지금의 서울이 디자인되었습니다.

유교적인 통치이념을 가장 잘 부여한 것이 대표적으로 4대문과 4소문입니다. 유교에서 사람이 갖추어야 한다는 오상(五常) 중 '인의예지'(仁義禮智)의 의미를 4대문[동대문: 흥인지문(興仁之門), 서대문: 돈의문(敦義門), 남대문: 숭례문(崇禮門), 북대문: 숙정문(肅靖門)]과 4소문[혜화문(惠化門), 소덕문(昭德門), 광희문(光熙門), 창의문(彰義門)]에 담았습니다.

4대문 중 하나인 북대문(숙정문)은 원래 홍지문(弘智門)이었는데 백성들이 지혜로워져 옳고 그른 것을 잘 판단하는 것을 두려워

한 위정자들이 개혁의 의미를 담고 있는 숙정문(肅靖門)이라고 이름 붙이게 된 것입니다. 그리고 오상의 마지막인 '신'(信)은, 후에 고종이 태조 때 지은 종루 자리에 다시 세운 종각에 보신각(普信閣)이란 이름을 붙인 후 '인의예지신'이 완성되었고, 백성들이 한양 도성을 지나갈 때마다 그 이름을 보며 유교적 덕목을 상기시키게 했던 것입니다.

그리고 모든 건축물들이 철저하게 주역(周易)의 팔괘(八卦)인 '건곤간손 감리진태'(창의문: 乾, 소덕문: 坤, 흥화문: 艮, 광희문: 巽, 숙정문: 坎, 홍인문: 離, 홍인문: 震, 돈의문: 兌)의 방위와 질서의 원리에 따라 축조되었다는 것을 알 수 있습니다.

이렇게 함으로써 유교를 건국이념으로 표방한 조선은 백성들의 문화, 사고, 생활습관까지 유교적 사상이 주입될 수 있도록 일종의 선전 홍보로써 4대문과 4소문을 이용했습니다. 그렇게 하면서 조선왕실의 유교적 통치 이데올로기가 우리의 삶 속으로 그대로 들어왔습니다. 특별히 부모에 대한 효도의 논리를 통하여 국가에 복종을 강요하는 이념은 조선시대의 정신적인 지주가 되었다고 볼 수 있습니다.

유교의 효도관은 공자가 태어나기 전부터 오랜 세월 동안 중국에서 전통적으로 지켜온 것인데, 공자는 봉양이 아니라 공경이 따라야 한다고 강조했습니다. 그리고 만인은 반드시 죽는 법인데, 귀는 땅으로 들어가고 신은 위로 올라가 소명이 되어 서로 갈라지기 때문에 귀와 신을 도로 합하여 보려는 제사의식을 효의 극치로 보았던 것입니다.

공자 이전인 중국의 하나라와 상나라 때 처음으로 제사를 지낸 기록이 있습니다. 당시의 제사는 지금처럼 죽은 자에 대한 제사가 아니라 살아 있는 자에 대한 제사였습니다. 종손을 높은 곳에 앉혀 놓고 제사형식의 예를 갖추었던 것입니다. 그러다가 나중에는 생존해 있는 황제에게만 제사를 지내었고, 춘추전국시대에 이르러서는 평민들이 "우리 부모도 훌륭하다"라고 반발하며 자신들의 신분을 높이기 위해 제사를 지내게 되었습니다. 그러다 결국에는 죽은 조상에게 제사를 지내게 되었습니다.

우리나라는 고려시대 때 중국에서 유교의 주자학이 전래되면서 조상제사 의식도 함께 들어오게 되었습니다. 초창기에는 특정한 왕에게만 제사를 지내었고, 고려 말기에는 성리학의 영향으로 사당을 지어 위패와 신주를 모셔 놓고 특별한 사람에게만 제사를 지냈습니다. 그러다가 조선시대에 이르러 이성계가 정권의 정통성을 갖고 정권을 유지하기 위한 방편으로 유교를 국교로 삼으면서 조상제사를 민간에 널리 장려하게 되면서 토착화되어 풍속으로 이어온 것입니다.

또한 제사에 쓰이는 음식은 돌아가신 이를 산 사람과 똑같이 모신다는 정신에서 비롯된 것입니다. 사실 조선시대의 조상제사는 부모에게 효도를 강요하며 국가에 대한 충성을 동일선상에 놓고 복종을 강요하는 방편으로도 도용이 된 것입니다. 제사를 통해서 부모에게 효도를 한다는 논리는 잘못된 생각입니다.

　결론적으로, 제사는 하나님만이 예배의 대상이라는 성경의 가르침에 위배됩니다. 제사는 죽은 자에 대한 신앙이고 예배가 됩니다. 유교는 원래 내세도, 구원도, 영생도 없는 현실 중심적입니다. 공자는 영혼 불멸이나 내세에 대하여 가르치지 않았습니다. 그런데 유교 전통이 무속적인 제사와 기존의 불교가 혼합되면서 종교적인 신앙으로 변질된 것입니다.

### 명당 문화

　풍수지리사상은 중국에서 시작되었고, 신라 말기에 도선 국사에 의해 도입되어 주로 왕가의 도읍지를 선정하고 사찰을 건조하거나 탑을 세울 때 어떤 모양으로 하느냐에 관한 다분히 정치적이고 군사적인 입지 선정의 성격에서 중요시되었습니다. 그러던 것이 조선시대 초기에 이 성격이 크게 바뀌면서 땅의 성격을 파악해서 좋은 땅의 위치에 의해 인간의 길흉화복이 결정된다는 입장으로 일반 사회에 널리 퍼져 민간신앙에 보편적인 생활풍습으로 뿌리를 내리게 된 것입니다.

　우리나라는 사람이 죽게 되면 거의 매장과 화장을 하고 있습니다. 지금의 매장법의 절차는 유교의 영향을 받아 형성되었고, 화장은 조선 말 일본의 화장법이 들어오면서 널리 퍼지게 되었습니다.

명당은 죽은 사람의 안식처가 되는 묘지를 삼을 자리가 풍수지리적으로 좋은 장소인 것을 의미합니다. 땅에도 사람의 몸과 같이 경락의 체계가 있고 혈이 있다고 믿어 조상의 유해를 안장하면 그 조상의 유골은 소골(消骨)되기에 최적의 조건에 놓이게 되는데, 여기서 발생하는 좋은 기가 후손의 기와 감응하여 복을 가져다준다고 믿는 것입니다.

부모의 산소를 명당이라고 하는 좋은 곳에 모시는 것을 자식으로서 마지막 효도라고 생각하며 좋은 땅을 찾아 묏자리를 선택하게 된 것입니다. 조상의 무덤 하나를 잘 써서 자신의 부와 명예를 얻음은 물론 더 나아가서 자식들의 후광까지 무덤 자리와 연관시켜 계산하며 마지막 효라고 생각하는 것은 잘못된 미신에 불과합니다.

현재 우리나라는 매장 문화가 아닌 화장 문화로 바뀌었습니다. 2013년 보건복지부의 발표에 의하면 화장이 전국 74%를 차지하고 있습니다. 서울은 81%이고 부산은 87.8%입니다. 현재는 화장한 유골을 예쁜 보석으로 만들어서 평소에도 두고 볼 수 있도록 반지, 목걸이, 브로치, 펜던트로 만드는 장례 업체가 늘어나고 있습니다. 인간의 몸은 약 18%가 탄소로 이루어져 있어서 화장 등의 과정이 끝나면 약 2%가 남게 됩니다. 이 남은 탄소에 높은 열과 압력을 가하면 10여 분 만에 보석과 같이 만들어지는 것입니다. 고양시 백제화장터 경내에 있는 사리성형센터 ㈜레스틴피스에서는 국립 충주대학 과학기술연구원 교수진과 지난 10여 년간 연구를 거듭해서 이미 2010년에 국내는 물론 중국과 일본, 미국 등에 세계 특허 출원한 상태에 있습니다.

부모님이 돌아가시면 좋은 묏자리에 모시는 것이 효도라고 생각하고 그 땅의 기운으로 인해서 부와 명예를 얻고 후광을 입는다는 것은 미신입니다. 부모님이 살아 계실 때 부모를 잘 섬기고 공경하는 것이 중요합니다.

## 행복한 가정이란?

하나님께서 이 땅 가운데 우리에게 주신 최고의 선물은 가정입니다. 하나님께서는 이 세상의 모든 보화를 가정이라고 하는 그릇에 담으셨습니다. 인류 최초의 가정은 하나님께서 에덴 동산에 아담과 하와가 부부가 되게 하시면서 시작되었습니다. 행복한 가정이 되려면 먼저 가정을 설계하시고 세우신 하나님을 가정의 주인으로 모셔야 합니다. 오늘날 많은 사람들이 서로 사랑하고 행복하기 위해서 결혼을 하지만 많은 가정들이 좋은 것을 갖추고도 행복할 수 없음은 인간이 주인이 되려고 하고, 하나님을 떠나 살기 때문입니다. 우리 인간은 하나님께로부터 왔습니다. 가정도 하나님께서 세우셨습니다. 하나님께로 돌아갈 때만이 가정 안에도 참 기쁨과 행복이 있습니다.

에덴 동산은 말 그대로 기쁨과 행복의 동산이었습니다. 그러나 에덴 동산의 기쁨과 행복은 그냥 살아가면 주어지는 것이 아닙니다. 에덴 동산의 행복은 다스리고 지켜야 되시는 것입니다. 우리 가정의 목표는 하나님이 주인이 되는 가정으로 지키고 세워 가야 합니다. 하나님이 가정의 주인이 되실 때 가정은 건강하고 행복한 것입니다. 하나님을 경외하고 섬기는 것만 흔들리지 않으면 우리의 평생과 그 가정은 흔들리지 않습니다. 하나님을 경외하고 잘 믿는 가정은 불행한 것도 없고 실패도 없습니다. 우리들의 영원한 참 기쁨과 행복은 바로 하나님께로부터 오는 것입니다. 그를 사랑하는 자, 그의 이름을 부르고 그의 말씀과 뜻대로 순종하는 자에게 주어지는 것입니다.

하나님께서는 하나님을 잘 믿고 잘 경외하면 우리의 소원을 이루어 주시고, 우리 모든 삶을 하나님께서 인도해 주신다고 성경을 통해서 말씀하셨습니다.

우리가 이 세상을 살아가면서 가장 행복한 삶은 삼각형의 삶이라고 말을 합니다. 모든 도형 가운데 삼각형이 가장 든든하고 안정되고 아름답습니다. 나와 너, 그리고 하나님이 함께하시면 행복하게 된다는 것입니다. 오늘 우리 삶의 모든 영역에 하나님께서 꼭짓점이 되실 때 내 영혼과 내 모든 삶은 복되고 형통하게 될 것입니다. 기독교는 이 하나의 간단한 공식입니다. 하나님과 멀어지면 안 되는 것입니다. 행복도, 물질도, 축복도 멀어지게 되는 것입니다.

우리가 하나님과 가까워지면 부부와 부모자녀가 가까워지고 형제자매지간에도 가까워지고 좋은 일이 일어납니다. 그러나 멀어지면 건강과 물질도, 모든 좋은 것이 떠나가고 가정에 고통이 옵니다. 하나님을 내 삶과 가정의 주인으로 모시고 하나님을 가까이함으로 모든 삶에 평화가 찾아오고 에덴의 가정으로 복을 받아 누리기를 바랍니다.

부모를 공경하는 것은 절대적인 하나님의 명령입니다. 부모는 존경할 만한 그 무엇이 있어야만 공경하는 것이 아닙니다. 단지 나에게 생명을 이어 주신 부모란 이유 한 가지로도 자식의 공경을 받을 충분한 이유가 있습니다. 어머니는 우리보다 모든 것이 못하셔도 우리가 감히 따라갈 수 없는 사랑의 마음이 있습니다. 어머니의 그 사랑은 세상의 모든 지식과 세대를 능가합니다. 우리는 "네 부모를 공경하라"는 명령 앞에 순종할 수 있는 효가 있어야 합니다. 어떻게 해야 효도할 수 있습니까?

첫째는, 먼저 '내 생명이 있음을 감사하라'입니다.

부모님이 계시기에 생명이 있다는 것 자체부터 감사해야 합니다. 마태복음 16장 26절에 "사람이 만일 온 천하를 얻고도 제 목숨을 잃으면 무엇이 유익하리요"라고 말씀하고 있습니다. 우리는 천하보다 귀한 생명을 부모님을 통해서 얻었습니다. 우리는 이 땅에 태어난 것 하나만으로도 감사할 수 있어야 합니다. 내 생명이 있음에 고마움을 알고 생명 그 자체를 감사로 받아들이는 자가 효자입니다. 내가 이 세상에 태어나 살아간다는 사실 자체에 감사하며 영광스럽게 여기고, 특별히 부모로부터 태어났다는 것을 더없이 자랑으로 생각할 수 있어야 합니다.

둘째는, '그대로 인정하고 순종하라'입니다. 부모님은 우리가 평가할 대상이 아닙니다. 자식 된 도리를 다하면 되는 것이지, 부모님이 잘해 주시면 효도하고 못해 주시면 불효해도 되는 그런 관계가 아닙니다.

옛날 어느 마을에 망령이 든 아버지가 있었습니다. 하루는 이 아버지가 "애야, 소를 몰고 나오너라" 하고 소리를 질렀습니다. "예!" 아들은 즉시 소를 몰고 마당에 나왔습니다. 그러자 아버지는 다시 소를 지붕 위에 올리라고 소리쳤습니다. 아들은 소를 지붕으로 올리기 위해 사다리를 갖다 놓고 갖은 애를 썼습니다. 말이 그렇지 어떻게 소를 지붕 위로 올리겠습니까? 이 모습을 보고 망령이 든 아버지가 깔깔대며 좋아라고 웃었습니다. 때마침 이

마을을 지나던 암행어사가 이 광경을 보고 감탄했습니다. '망령이 든 아버지인데도 어쩌면 저렇게 부모의 말에 순종하는 아들이 있을꼬.' 그 암행어사는 즉시 임금님께 이 사실을 고했고, 임금님은 그 아들을 불러 칭찬하며 벼슬까지 주었다고 합니다.

우리는 부모님이 아무리 부족하고 잘못되었다 할지라도 그대로 인정해 드리고 순종의 마음을 드릴 수 있어야 합니다. 하나님은 그 순종과 사랑의 마음을 다 아시고 반드시 은혜를 베풀어 주실 것입니다.

셋째는, '부모님에게 애정을 쏟아라'입니다. 서울여대 사랑의 엽서 공모전 대상작으로 "어머니"라는 제목의 글이 있어서 소개합니다.

> "나에게 티끌 하나 주지 않는 걸인들이 내게 손을 내밀 때면 불쌍하다고 생각했습니다. 그러나 나에게 전부를 준 당신이 불쌍하다고 생각해 본 적은 없습니다.
> 나한테 밥 한번 사준 친구들과 선배들은 고마웠습니다. 답례하고 싶어 불러냅니다. 그러나 날 위해 밥을 짓고 밤늦게까지 기다리는 당신이 감사하다고 생각해 본 적은 없습니다.
> 실제로 존재하지도 않는 드라마 속 배우들 가정사에 그들을 대신해 눈물을 흘렸습니다. 그러나 일상에 지치고 힘든 당신을 위해 진심으로 눈물을 흘려 본 적은 없습니다.
> 친구와 애인에게는 사소한 잘못 하나에도 미안하다고 사과하고

용서를 구했습니다. 그러나 당신에게 한 잘못은 셀 수도 없이 많아도 용서를 구하지 않았습니다.

죄송합니다. 죄송합니다. 이제서야 알게 돼서 죄송합니다. 아직도 전부 알지 못해 죄송합니다."

"비둘기에게는 3지의 예가 있고, 까마귀에게는 반포의 효가 있다"는 중국 속담이 있습니다. 비둘기는 가지에 앉을 때 어미 새보다 3단 아래의 가지에 앉아 예를 표하고, 까마귀는 늙은 어미 까마귀에게 먹이를 물어다 공양한다는 뜻입니다. 우리는 연로하신 부모님이 생활하시는 데 불편함이 없도록 최대한 애정을 쏟아야 합니다.

넷째는, '정신적 효도로 기쁨과 소외감을 가지지 않도록 하라'입니다. 사람들에게 효가 무엇이냐고 물으면 나름대로 대답을 합니다. 정기적으로 찾아뵙는 것도 있고, 용돈을 자주 드리는 것도 있고, 좋은 생활용품과 좋은 옷가지를 사드리는 것도 있고, 좋은 곳에 모시고 가는 것도 있겠지만, 진정한 효는 물질의 봉양이 아니라 공경이 따라야 합니다. 공경이 먼저이고 봉양이 그다음입니다.

어느 책에 보니까 부모의 입에서 "살아가는 의미가 없다"라든가 "내가 일찍 죽었어야 하는데"라는 말을 한 번이라도 들었다면 그는 불효자라고 말했습니다. 연로하신 부모의 입에서 살고 싶지 않다는 말이 나왔다면 그것은 엄청난 불효입니다. 우리는 부모님의 마음을 평안하게 해드려야 하고, 소외되지 않도록 삶의 의미를 부여해 드릴 수 있는 자녀가 되어야 합니다.

마지막으로는, '영적인 효도를 하라'입니다. 부모님이 교회를 다니셔서 구원을 받도록 해야 합니다. 이것이 이 땅에서 해드릴 수 있는 최고의 효도입니다. 그리고 나 또한 신앙생활을 잘하는 것이 영적인 효도입니다.

한 라디오 프로그램에서 하늘에 있는 엄마에게 쓴 편지를 들은 적이 있습니다. "하나님, 우리 엄마 이 땅에서 힘들고 어렵게 한평생 사시다가 질병으로 고생하며 돌아가셨는데, 우리 엄마 하늘에서 무엇이든지 마음껏 쓰실 수 있고 누릴 수 있도록 도와주세요. 이다음에 제가 하늘나라에 가면 하나님의 종이 되어서라도 다 갚아 드릴 테니까요."

우리는 부모님이 살아 계실 때 믿음의 삶을 사시도록 해야 하고, 최선을 다해서 섬길 수 있어야 합니다.

결론입니다. 부모를 공경하라는 것은 하나님의 절대적인 명령입니다. 부모도 연약한 인간이고 또한 죄인이기에 하나님의 뜻에 부합하지 않는 가르침을 줄 수도 있고 보일 수도 있습니다. 허물도 많습니다. 그래도 부모에 대한 존경과 애정을 잊지 않아야 합니다. 이 세상을 살아가면서 모든 일들이 잘되고 형통하기를 원하는 사람들의 열매는 부모를 공경하는 일에서 비롯됨을 기억해야 합니다.

 ## 며느리에게 물려준 십자가 목걸이

　제가 태어나고 자란 곳은 작은 시골 마을입니다. 아버지의 다섯 형제는 봄에는 씨를 뿌리고 가을에는 수확물을 거두는 농부로 평생을 함께 살아오셨습니다. 부모님은 이른 새벽부터 밤늦은 시간까지 논과 밭에서 몸부림치고 씨름하며 저와 동생들의 삶을 일구어 주셨습니다. 추운 겨울에는 삼베 길쌈을 하시며 새벽 미명까지 물레를 돌리고 삼베를 짜며 대학에 보내셨습니다.

　저와 세 동생 모두가 대학에 다닐 때에는 그 많은 학비를 마련하시고 용돈을 주시면서도 많은 돈을 주지 못해 미안하다고 하셨습니다. 적은 돈 가지고 나눠 쓰느라 고생이 많다고 말씀하시던 어머니의 사랑의 마음이 저에게서 떠나지 않았습니다.

　특별히 어머니의 손가락에는 반지 하나 없고 목걸이 하나 없는 것을 보면서 언젠가 꼭 선물을 하나 해드리고 싶다는 생각이 저의 마음에서 떠나지 않았습니다.

　그리고 1996년 군대에 입대하게 되었습니다. 그 당시 이등병 한 달 월급이 8,600원이었고 병장 월급이 14,200원이었습니다. 저는 월급을 모았고, 휴가를 나올 때 부모님과 친척들이 준 용돈들도 모았습니다. 제대하기 전까지 25만 원을 모았습니다.

　그 당시 금 한 돈이 5만 원이었습니다. 그리고 군 제대하기 전에 순금 다섯 돈으로 십자가 목걸이를 만들었습니다. 그리고 마지막 휴가를 나가서 어머니 목에 십자가 목걸이를 걸어드렸습니다. 개인적으로는 너무나 행복했고, 어머니께 그 목걸이는 마음에 지워지지 않는 사랑의 십자가가 되었습니다. 어머니는 교회에 가서 예배드리실 때와 좋은 곳에 다녀올 때만 목걸이를 하시고 소중하게 아끼시고 보관하셨습니다.

    그리고 많은 시간이 지나 제가 결혼을 하게 되었습니다. 그리고 아내와 부모님 집에 가게 되었습니다. 그때 어머니는 제 아내에게 제가 선물했던 십자가 목걸이를 꺼내시며 "이 목걸이는 아들이 군에서 용돈을 모아서 내 목에 걸어 주었던 잊을 수 없는 사랑의 십자가 목걸인데 지금까지는 내가 목에 걸었지만 이제 이 목걸이의 주인은 며느리다"라고 하시면서 아내의 목에 십자가 목걸이를 걸어 주셨습니다.

    제가 어머니를 위해 20년 전에 사랑의 마음을 모아 준비한 십자가 목걸이는 지금 나의 아내에게 또 다른 소중한 사랑의 흔적으로 남아 있습니다.

# 제육은,

## 살인하지 말라

"살인하지 말라"(출 20:13).

# 창문 열기

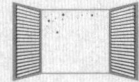

 제6계명의 근본 사상은 나 자신의 생명을 포함해서 모든 생명은 오직 하나님이 그 주인이시라는 것입니다. 사람은 하나님의 형상대로 지음을 받았기에 사람을 죽이는 행위는 하나님의 형상을 멸시하는 행위라고 말할 수 있습니다. 우리 인간의 소유권은 하나님께 있기에 사람의 생명을 자의로 해치는 것은 하나님의 권한을 침범하는 중대한 죄가 되는 것입니다.
 또한 그 누구도 사람의 생명을 좌우할 권리가 없습니다. 심지어는 나 자신의 생명조차도 내 마음대로 할 수 없다는 말씀입니다. 따라서 억울한 일을 당한 것뿐만 아니라 심판과 보복도 나에게 속한 것이 아니라 하나님께 달린 것이며, 자살행위와 살인도 우리 스스로 결정할 수 있는 일이 아닙니다. 우리 생명의 주인은 하나님이시기에 전적으로 하나님의 영역입니다.

## 생명의 소중함

"살인하지 말라"

이 말씀은 히브리어로는 '로 티르차흐'라는 단어입니다. 부정어 '로'가 동사 앞에 위치하므로 직역하면 '너는 결코 살인하지 말라'입니다. '티르차흐'는 '죽이다, 살인하다'라는 원형 '라차흐'를 쓰고 있습니다. 이 뜻은 인간의 육체적인 생명만이 아니라 그 사람의 인격과 하나님의 형상까지 파괴시키는 의미를 포함하고 있습니다.

창세기 9장 6절은 "다른 사람의 피를 흘리면 그 사람의 피도 흘릴 것이니 이는 하나님이 자기 형상대로 사람을 지으셨음이니라"고 말씀합니다. 이 땅에서 인간은 유일하게 하나님의 형상으로 지음 받은 존재입니다. 즉, 살인은 하나님의 형상을 짓밟고 모욕하는 일입니다. 살인은 하나님의 거룩한 형상을 멸시하고 공격하는 행위라고 할 수 있습니다.

인간의 생명이 소중한 것은 그 생명이 하나님께 속하였고, 하나님께서 주관하시기 때문입니다. 그러므로 사람을 죽인다는 것은 생명의 주인이신 하나님의 권한을 침범하는 것입니다. 우리 인간은 하나님이 생명을 주셔서 살아가고 있기에 내 인생도 내 마음대로 처분할 수 없는 것입니다. 더 나아가서 다른 사람의 생명에 손을 대는 것은 있을 수 없는 일입니다. 이것은 하나님의 고유한 영역을 파괴하는 범죄가 되는 것입니다.

예수님은 살인에 대해 마태복음 5장 21-22절에서 재해석하셔서 새롭게 말씀하십니다.

> "옛 사람에게 말한 바 살인하지 말라 누구든지 살인하면 심판을 받게 되리라 하였다는 것을 너희가 들었으나 나는 너희에게 이르노니 형제에게 노하는 자마다 심판을 받게 되고 형제를 대하여 라가라 하는 자는 공회에 잡혀가게 되고 미련한 놈이라 하는 자는 지옥 불에 들어가게 되리라"

이 말씀은 살인의 원인이 미움에 있음을 분명하게 말씀하고 있습니다. 우리의 인간적인 차원에서 눈에 보이는 행위와 결과를 넘어서서 그 사람 마음 깊은 곳에 있는 동기까지 말씀하고 있는 것입니다.

"그 형제를 미워하는 자마다 살인하는 자니 살인하는 자마다 영생이 그 속에 거하지 아니하는 것을 너희가 아는 바라"(요일 3:15)는 말씀을 통해 형제를 미워하는 것 자체가 살인임을 알 수 있습니다. 즉, 미워하는 마음이 자라서 살인하게 되므로 마음속에 솟아나는 끊임없는 미움과 분노 자체의 근원도 버리라는 적극적인 말씀임을 기억해야 합니다.

또한 "살인하지 말라"는 계명의 연장선상에서 보면, 사람이 살아가는 데 생명을 위협하고 방해하는 간접적인 모든 행동들도 살인하는 것과 다름없다고 할 수 있습니다. 높은 지위와 권력과 힘을 이용해서 사회적인 약자들의 생계수단을 어렵게 하고 빼앗는 것 자체도 간접살인에 해당하는 것입니다. 더 나아가서는 마약이나 술 담배로 자신의 건강을 위협하는 것도 여기에 포함되는 범죄라고 말할 수 있습니다.

## 살인이라고 할 수 없는 것

### 전쟁에서의 살상

제6계명 "살인하지 말라"에 쓰이고 있는 '라차흐'는 전쟁에서는 쓰이지 않는 단어입니다. 또한 사형선고와 동물 살생에서도 쓰이지 않습니다.

먼저 전쟁을 살펴보면, 그 전쟁이 '선이냐 악이냐'라는 문제는 좀 더 하나님의 뜻을 헤아려 보는 신학적인 해석이 필요하겠지만 전쟁을 수행하는 과정에서 사람을 살상하는 것은 살인의 범주에 속하지 않습니다.

국가와 국민의 생명을 보호하기 위해서 인명의 살상이 뒤따르는 것은 불가피한 행동이라고 볼 수 있습니다. 특히 테러와 같은 많은 사람의 목숨을 담보로 하는 악의 세력에 대해서 공의로운 목표를 수행해야 하는 전쟁은 살인이 아닙니다. 오히려 신명기 20장 4절("너희 하나님 여호와는 너희와 함께 행하시며 너희를 위하여 너희 적군과 싸우시고 구원하실 것이라 할 것이며")에서는 하나님께서 싸움에 함께하신다고 약속하셨습니다.

한편 전쟁을 반대하는 반전주의자들의 입장은 이상적이긴 하지만 "인간 역사는 전쟁의 역사"라는 말이 있듯이 현실성이 떨어지는 어려움이 있습니다. 이러한 주장은 결국은 무정부주의적인 사상에 빠질 수밖에 없습니다. 특별히 이단인 여호와의 증인들은 세상의 모든 권력과 정당들을 무의식중에 사탄을 돕는 동맹자라고 간주하며, 모든 세속 정부로부터 철저히 분리하고 있습니다. 그렇기 때문에 국가의 중요한 공공 선거에도 거의 참여하지 않고, 국기에 대한 경례나 병역 의무를 수행하기를 거부합니다.

한편 우리가 좀 더 깊이 있게 고민하고 염려해야 할 부분은 각 나라마다 군비를 증강하고 있으며, 전쟁 무기들이 갈수록 고도화되고 있다는 것입니다. 또한 오늘날의 전쟁은 생존의 이유가 아니라 어떠한 경제적 가치나 사소한 국가적 자존심과 갈등으로 인해 발생하고 있다는 점입니다.

전쟁은 누구나 다 반대할 것입니다. 어찌 보면 전쟁은 참으로 말하기 어려운 필요악이라고 말할 수 있습니다. 이것이 우리들의 딜레마이고, 여기에 우리의 아픔이 있습니다.

결과적으로, 성경은 전쟁에서의 살상 그 자체를 살인으로 정죄하고 있지는 않습니다. 그래서 신앙인도 군에 가면 직접 총을 들고 실탄을 쏠 수 있습니다. 이스라엘 백성들을 보면 가나안 땅을 정복하면서 많은 전쟁을 치릅니다. 따라서 전쟁에서의 살상은 살인이라고 할 수 없습니다.

또한 전쟁과는 다른 관점에서 생각해 볼 수 있는 것이 정당방위입니다. "도둑이 뚫고 들어오는 것을 보고 그를 쳐 죽이면 피 흘린 죄가 없으나"(출 22:2)라는 성경을 보면 정당방위가 살인이 아님을 알 수 있습니다. 그러나 이 부분에 대해서 여호수아 20장 5절("피의 보복자기 그의 뒤를 따라온다 할지라도 그들은 그 살인자를 그의 손에 내주지 말지니 이는 본래 미워함이 없이 부지중에 그의 이웃을 죽였음이라")을 보면 본래 미워함이 없이 부지중에 그의 이웃을 죽였을 때를 위해서 도피성 제도가 있었습니다. 도피성은 원래부터 살인할 의지가 없었던 사람을 위해서 준비된 곳입니다. 그렇기에 살인의 의도를 가지고 살인을 하고 정당방위를 했다면 그것은 살인이라고 할 수 있는 것입니다.

현재 우리나라의 형법 제21조 제1항에는 "자기 또는 타인의 법익에 대한 현재의 부당한 침해를 방위하기 위한 행위는 상당한 이유가 있는 때에는 벌하지 아니한다"라고 되어 있습니다. 즉 타인의 불법적인 공격행위에 대해서 자신 또는 제3자를 보호하기 위하여 행하게 된 가해행위는 처벌하지 않습니다. 그러나 방위행위의 결과로 살인사건이 일어났다면 그 판단은 쉽지 않습니다. 단순히 도망치거나 막거나 칼을 빼앗거나 하는 행위만을 방위행위로 보는 것이고, 빼앗은 다음에 칼로 찌른다면 방위 개념으로 보기 어렵다는 것입니다. 이 부분은 법 규정과는 달리 현실에서 다양한 결론을 내릴 수 있습니다.

최근에 본인이 길거리를 지나가고 있는데 옆으로 지나가던 사람이 자기에게 욕설을 했다고 생각하고 뒤따라가서 그 사람의 집에 침입해서 폭행을 가한 사건이 있었습니다. 반격에 나선 집 주인은 식탁에 있는 칼을 집어 들어 여러 번 찔렀고 결국 살인미수로 재판에 넘겨졌습니다. 집 주인은 정당방위를 주장했지만 '상대에게 흉기가 없는데도 여러 번 흉기를 사용한 것은 공격 행위'라며 징역형을 선고했습니다.

또 다른 사건도 있었습니다. 집에 들어온 절도범을 빨래 건조대로 때려 뇌사에 빠지게 한 사건입니다. 재판부는 '이미 도둑을 제압한 뒤에 계속 도구로 폭행한 것인 만큼 방어의 한도를 넘었다'며 정당방위로 인정하지 않았습니다. 이것은 현재의 부당한 침해가 종료됐음에도 공격이 계속됐고, 방어 의사를 넘어서 보복성 공격에 이르렀다면 정당방위로 보기 어렵다는 것입니다.

그러나 이런 판결은 당황, 공포, 흥분, 경악의 심리상태에서 일어난 사건인데, 이런 심리상태를 간과해 버리고 정당방위의 범위를 너무 협소하게 인정해서 자기 방어 권리를 지나치게 축소한다는 비판도 있습니다. 이에 대하여 과잉방위와 정당방위를 구분할 수 있는 구체적 판단기준이 필요하다는 지적이 나오고 있지만 정당방위라고 무조건 무죄라고 생각해서는 안 되고, 정당방위를 가장한 살인은 처벌 받게 된다는 것입니다. 다만 피해자가 형법상 방위 행위가 그 정도를 초과한 때에는 정황에 의하여 그 형을 감형 또는 면제 받을 수 있다는 것입니다.

### 식용을 위한 동물 살생

홍수 심판 이후 하나님께서는 "모든 산 동물은 너희의 먹을 것이 될지라 채소같이 내가 이것을 다 너희에게 주노라"(창 9:3)고 말씀하십니다. 동물 또한 채소와 같이 하나님께서 인간들에게 먹을 것으로 주셨음을 볼 수 있습니다. 그런데 극단적 채식주의자들이나 생명경외주의자들은 동물을 죽이는 것도 살인과 같은 것이라고 주장을 합니다.

불교도 이런 입장을 취합니다. 2005년에 천성산이 고속전철이 통과하는 터널로 지정되자 공사로 인한 도롱뇽 생태계 파괴를 이유로 한 스님이 자기 목숨을 담보로 100일 넘게 단식을 한 적이 있습니다. 환경을 사랑하고 생명을 사랑한다는 이유로 단식

투쟁을 했지만 그 무엇보다 소중한 자기 목숨을 담보로 죽어 가면서까지 도룡농을 지킨다는 것은 환경의 문제가 아니라 사고의 문제라는 것입니다.

결국 2008년 공사가 재개되어 2010년 말 개통이 되었는데, 연간 2조 원 가까이 경제적 손실을 입게 되었습니다. 그렇게 염려하던 도룡농과 북방개구리 등 수많은 파충류는 고속철도가 개통된 지 몇 년이 지난 지금도 그대로 서식하고 있습니다. 스님은 "슬프게도 천성산은 도룡농 천지였다"라고 말했습니다.

> "하나님이 그들에게 복을 주시며 하나님이 그들에게 이르시되 생육하고 번성하여 땅에 충만하라, 땅을 정복하라, 바다의 물고기와 하늘의 새와 땅에 움직이는 모든 생물을 다스리라 하시니라"(창 1:28).

이 말씀을 보면, 인간의 욕망을 채우기 위해서 무한정으로 죽이는 것은 문제가 되지만 식용을 위해서 제한적으로 사용하는 것은 문제가 된다고 말할 수 없습니다. 사도 바울도 디모데전서 4장 4절에서 "하나님께서 지으신 모든 것이 선하매 감사함으로 받으면 버릴 것이 없나니"라고 했습니다. 우리는 돼지와 닭을 잡는다고 하지 살인한다고 말하지 않습니다. 동물 살생을 인간 살

해와 같은 차원에서 다루어서는 안 됩니다.

### 법의 집행을 위한 사형

사형제도는 신학적으로 많은 찬반이 양립되고 있는 부분이지만 엄격하게 말하면 성경에서는 사형제도를 인정하고 있습니다.

먼저 레위기 20장 27절과 24장 15-16절을 보면, 하나님께 범죄한 죄에 대해서 '우상숭배와 하나님의 이름을 모독하거나 저주한 죄에 대해서는 돌로 쳐서 죽이라'고 되어 있습니다.

그리고 인간의 생명을 범한 죄에 대해서는 출애굽기 21장 12-17절에서 '고의적으로 사람을 죽였거나 자기 아버지나 어머니를 치는 자와 저주하는 자는 반드시 죽이라'고 했습니다. 또한 사람을 '납치(유괴)하는 자도 반드시 죽이라'고 되어 있습니다.

창세기 9장 6절은 "다른 사람의 피를 흘리면 그 사람의 피도 흘릴 것이니 이는 하나님이 자기 형상대로 사람을 지으셨음이니라"고 말합니다. 이는 인간의 생명은 하나님의 형상대로 지음 받은 존재로 하나님의 생명과 인격이 그곳에 존재하기에 용납할 수 없고, 생명을 빼앗은 자는 본인의 생명으로 갚아야 된다는 것입니다. 성경에서 사형제도를 인정하는 것은 인간의 생명이 그처럼 존귀하고 고귀한 존재이기에 만일 어떤 사람이 고의적으로 다른 사람을 죽인 경우에는 사형을 시행하도록 하나님께서 의도하시고 명령하신 것입니다.

여기서 다루고자 하는 내용은 현재 법의 집행을 위해서 실시하고 있는 사형제도를 성경적 시각에서 어떻게 보느냐 하는 것입니다. 현재 우리나라는 실질적으로 1997년 12월 30일 이후 사형이 집행되지 않은 사형폐지 국가라고 볼 수 있습니다. 사람들마다 사형제도에 대해서 찬성하기도 하고 반대하기도 합니다.

먼저 사형제도를 폐지하자고 주장하는 입장은 그 사람이 살인하게 된 인성도 사회의 책임이라는 것입니다. 즉, 그 사람이 범죄를 저지르기까지는 사회의 모든 구성원에게도 문제가 있기에 책임을 나누어야 한다는 것입니다. 그러므로 인간의 존엄성과 인권적인 차원에서 사형제도는 폐지해야 한다는 것입니다.

이와는 반대로 사형제도가 있어야 한다는 입장은 개인이 보복할 수 없는 부분을 국가가 보복해 주어야 한다는 것입니다. 국가가 해주지 않으면 개인이 또 다른 살인을 하게 되지 않겠느냐는 것입니다.

단적인 예를 들면, 누군가 자신의 가족을 죽이고 그 사람이 내가 낸 돈으로 감옥에 가서 편안하게 지내고 있다면 차라리 신고하지 않고 보복할 것입니다. 또 다른 보복성 살인이 이어질 수 있다는 것입니다. 쉽게 말하면, "그래, 너 하나쯤 죽이고 나는 감옥에서 편안하게 산다"라는 것입니다. 사람을 죽인 살인자를 인권적인 차원에서 접근한다면 과연 죽은 사람은 어디서 보상을 받아야 합니까?

2014년 4월 16일에 발생한 세월호 사건 같은 경우를 보더라도 우리는 단순한 해양사고인 줄로만 알았는데 알고 보니 우리가 알 수 없는 여러 가지 더 많은 이익을 얻기 위해 법을 무시한 비리로 인한 인재였습니다. 여기에 공적인 업무에 책임과 의무를 다해야 할 세월호의 선장과 선원들의 무책임한 행동이 살릴 수 있었던 수많은 생명들을 짓밟아 버렸습니다. 이러한 범죄는 용서의 차원을 넘어 사형 집행으로 다스려야 한다는 것입니다.

물론 중요한 것은 사형이 오용되거나 오심이 있지 않도록 하는 데 있습니다. 이를 위해 사법부와 국가가 엄밀한 절차상 적법성을 따라야 할 것입니다.

성경에서도 사형제도를 인정하는 것은 그 죄가 악하기 때문입니다. 하나님은 죄에 대해서 벌하시는 분이십니다. 죄를 심판하시는 하나님은 국가의 권력을 통해 다스리게 하셨습니다. 다른 사람을 죽인 자는 자신도 자기의 생명으로 대신해야 하는 것입니다.

구약시대 이스라엘의 특수한 신정체제에서 적용되었던 조항들을 오늘날 그대로 적용할 수는 없습니다. 또한 사형제도가 있다고 해서 범죄가 줄어드는 것은 아닐 것입니다. 하지만 사형제도가 있다면 그래도 사람을 죽이는 죄를 범해서는 안 되겠다는, 인간생명을 존중하는 원칙을 세우는 데는 도움이 될 것입니다.

저는 이런 의미에서 찬성하는 쪽입니다만 저의 해석과 생각이 꼭 맞는 것은 아닙니다. 각자 생각을 따르면 되는 부분이라고 봅니다. 지금도 찬반은 계속되고 있습니다.

결론적으로, 국가권력 아래 법의 집행을 위해서 실시되는 사형은 살인이라고 볼 수 없습니다.

## 생명의 주인은 하나님

제6계명인 "살인하지 말라"는 단순히 살인을 넘어서서 현대를 살아가는 우리에게 생명윤리적인 쟁점으로 민감하게 부각되어 있습니다. 먼저 낙태와 안락사, 그리고 자살에 대한 내용들을 나누어 보고자 합니다.

### 낙태는 살인

낙태는 자연분만하기 전에 자궁에서 정상으로 자라고 있는 태아를 인공적으로 산모의 몸 밖으로 끌어내어 제거하는 것을 말합니다.

가톨릭에서는 낙태를 절대적인 살인으로 금지하고 있습니다. 산모가 분만 시 생명이 위급해지거나, 성폭행으로 인한 임신이나 장애아일지라도 낙태는 인정하지 않습니다. 그리고 교회법(제1389조)에서 낙태죄는 일반 살인죄보다 더 중한 죄로 여겨 자동적으로 파문 처벌을 받아야 하는 죄라고 말하고 있습니다. 신자가 직업상의 이유로 낙태를 하는 일에 가담하지 않도록 고려하라고 하고 있습니다. 이 일에 돕는 사람도 죄를 짓게 되는 것입니다.

기독교도 같은 입장입니다. 태어나지 않은 생명도 당연히 보호하고 존중해야 함을 말하고 있습니다.

> "주께서 내 내장을 지으시며 나의 모태에서 나를 만드셨나이다"(시 139:13).

하나님이 모태에서 만드셨기에 태아도 완전한 생명이며, 태중에 있든, 태어났든, 어린이든, 어른이든 하나님의 눈에는 모두가 존귀한 생명이라고 성경은 가르치고 있습니다.

가장 크게 염려하는 부분이 낙태로 생명을 없애 본 사람들은 자연스레 생명의 고귀함을 망각하게 될 수 있다는 데 있습니다. 그러나 낙태를 허용하자는 쪽은 아이를 낳고 후회할 바에야 차라리 출산을 하지 않는 것이 더 낫다고 주장합니다. 그러나 그 태아가 사회의 행복한 구성원이 될 가능성이 없다고는 말할 수 없습니다.

현재도 낙태에 대한 의견들은 분분합니다. 낙태 역시 일괄적으로 말할 수 있는 문제는 아니지만 가장 나쁜 것은 바로 남편의 아이가 아니기 때문에 자행되는 낙태입니다. 이것은 질적으로 하나님이 세우신 가정을 파괴하고 생명을 죽이는 가장 큰 죄라고 말할 수 있습니다. 사실, 미혼 여성의 원치 않는 임신이나 성범죄로 인한 임신, 부모의 유전적 질환 등, 어찌 보면 현재 살고 있는 사람의 인생을 생각하는 측면에서 그 사람의 인생을 위해서라면 어쩔 수 없다는 생각에 답하기 어려운 문제일 수 있습니다. 그러나 태아는 엄연히 인간 유전인자의 집합 묶음을 갖고 있는 완전한 인간이라는 사실을 알아야 합니다. 결국 어떠한 상황과 사연으로 낙태를 하더라도 살인이라는 것은 부인할 수 없습니다. 어떤 경우라도 낙태를 하지 않는 것이 성경적입니다.

### 안락사는 살인

안락사는 회복 불능의 질병을 앓고 있는 의식이 있는 환자가 스스로의 결정으로 그 고통에서 벗어나기 위해 의료적 조치를 취하는 것을 의미합니다. 구체적으로는 환자에게 약물을 치사량만큼 주사하는 등의 직접적인 행위로 죽음에 이르게 하는 것입니다.

의료계에서 보는 안락사에는 죽음을 인위적으로 앞당기는 적극적인 안락사와 환자나 가족의 요청에 따라 생명 유지에 필수적인 영양 공급이나 약물 투여를 중단하는 소극적 안락사가 있습니다. 적극적인 안락사는 불법으로 금지되고 있지만 소극적인 안락사는 존엄사(death with dignity)라는 표현을 쓰고 있습니다.

존엄사는 현대의학으로 회복 가능성이 없는 환자가 인위적으로 생명을 유지하는 장치를 보류하거나 중단해 자연스러운 죽음을 맞이할 수 있도록 하는 조치입니다. 생명을 인위적으로 단축시키지 않는다는 점에서 존엄사는 소극적 안락사로도 인식하고 있습니다.

우리나라에서는 18대 국회에서 존엄사 법제화를 추진했지만 의료계 간 의견 차이와 생명 경시를 우려한 종교계의 우려로 폐기된 바 있습니다. 프란치스코 교황은 안락사를 반대하며 "안락사를 품위 있는 인생의 종결이라는 의미로 존엄사로 표현하는 것도 그릇된 연민"이라며 "병자나 노인을 쓸모없다고 여기면 버리는 세태를 반영한다"고 지적했습니다. 종교 지도자, 윤리학자들은 안락사가 고통은 줄여 주겠지만 이로 인해 노인, 장애인 등 약한 사람들에게 오용되고 남용될 수 있으며, 원치 않는 중에 생명을 위협받을 수 있다고 경고합니다.

기독교적 생명관의 입장은 삶이 자신의 결정과 의지로 주어지지 않았듯이 죽음 역시 본인이 선택할 수 없는 영역이라는 것입니다. 안락사는 살인입니다.

안락사와는 다르게 말기 환자의 생명을 인위적으로 연장하지 않고 훈련된 의사와 간호사, 성직자들이 죽음을 잘 준비할 수 있도록 돕는 제도가 호스피스입니다. 이와 같이 생명의 존엄성과 남은 삶을 가치 있게 평안하게 살다가 의미 있게 마무리하도록 돕는 것이 더욱 아름다운 일이라고 할 수 있습니다.

더 나아가서는 죽음준비교육을 위한 다양한 교재 개발과 교육이 교회와 노회, 총회 안에서 이루어지도록 하고, 지역사회의 복지관 프로그램이나 문화교실과 연결하여 섬기도록 해야 합니다. 왜냐하면 죽음과 부활에 대한 소망의 교육이 복음의 핵심이고 교회의 본질적인 사역이기 때문입니다.

### 자살행위는 살인

자살행위는 직접적이고 단시간 내에 자신의 목숨을 끊는 행위로, 이 땅에 생명을 주신 하나님의 은혜를 배반하는 행위입니다. 우리의 생명은 절대적인 소유권이 하나님께 있기 때문에 우리에게 결정권이 없는 영역입니다. 자살은 자신의 제한된 환경에 갇혀서 삶의 주관자이신 하나님의 인도하심을 떠난 불신앙의 행위라고 말할 수 있습니다.

자살은 분명히 자기 살인이고 죄입니다. 자살은 생명의 주인이신 하나님 앞에서와 자기 자신에게 저지르는 죄인 동시에 공동체에도 죄를 짓는 일입니다. 전문가들은 자살로 인한 피해는 자살자뿐만 아니라 최소한 6명 이상의 주위 사람들에게 심리적, 정서적인 영향과 자살 위험을 전염시켜 또 다른 자살사건을 유도한다고 말합니다.

자살은 세상의 그 어떤 죽음보다도 눈물이 마르지 않는 가슴 아픈 일입니다. 어려운 고난과 실패의 아픔이 있어서 죽는다면 세상에 살아남아 있을 사람은 한 사람도 없을 것입니다. 자살을 생각하는 사람은 현재가 최악이라고 생각하는데, 이 세상에 끝이 없는 절망은 없습니다. 우리는 가보지 않은 미래가 더 아름답다는 것을 기억해야 합니다.

그러나 자기희생적이고 이타적으로 몸을 버려 다른 사람의 생명을 구하는 것은 자살이라고 할 수 없습니다. 예수님은 요한복음 15장 13절에서 "사람이 친구를 위하여 자기 목숨을 버리면 이보다 더 큰 사랑이 없나니"라고 말씀하셨습니다. 예수님도 그러한 삶으로 십자가를 지셨습니다. 이것은 도덕적으로나 성경적으로 비난할 수 없는 순결하고 고귀한 삶입니다.

자살은 개인의 문제를 넘어 정치, 경제, 사회, 문화, 종교 등 모든 문제와 연관되어 있음을 무시할 수 없기에 사회 공동체가 책임의식을 가지고 미연에 방지하는 근원적인 노력이 다각적으로 필요한 부분입니다.

## 자살하면 지옥에 가는가?

한편 일각에서는 자살하면 지옥에 간다는 말을 쉽게 하는 분들도 있습니다. 그러나 그렇게 말해서는 안 됩니다. 자살하면 지옥에 간다는 논리의 핵심은 회개할 기회가 없기 때문이라는 것입니다.

그러나 마지막 짧은 시간에 죽어 가면서 회개했을지는 죽음의 과정을 지켜보지 않은 사람이 함부로 말할 수 없는 이야기입니다. 성도가 모든 죄를 구체적으로 회개해야만 구원을 받는다면 구원받을 사람은 한 사람도 없을 것입니다. 구원은 예수 그리스도를 구주로 믿고 있느냐에 달린 것이지 구체적으로 회개했느냐 하는 공로가 아닌, 은혜의 복음인 것입니다.

자살하면 지옥에 간다는 이야기는 자살이 심각한 죄임을 가르쳐 주고 자살을 방지한 것은 맞지만 하나님의 영역을 인간이 쉽게 판단해서는 안 되는 부분입니다. 또한 그러한 이야기는 유가족들에게 하나님의 사랑과 위로를 전하는 것이 아니라 또 다른 차원의 살인 행위라고 말할 수 있습니다.

미국 풀러 신학교 김세윤 교수는 "자살한 사람보다 자살하면 지옥 간다고 말하고 다니는 사람이 지옥 갈 가능성이 더 많다"고 하면서, "지옥 논쟁은 율법적이고 근본주의적인 사고방식에서 기인한 것이다"라고 말했습니다. 또한 그는 이렇게 말했습니다. "형제를 등쳐 먹고, 가난한 사람을 착취하고, 총칼로 사람을 죽이고, 사악한 경제 구조로 빈민들을 길거리로 내모는 것이 스스로 자기 목숨을 끊는 것보다 훨씬 더 악한 짓이다. 불의한 권력을 이용해서 다른 사람의 목숨을 앗아가는 사람이 우리 주변에 널려 있다. 그런 사람에겐 빌붙어 칭송하면서 경제적, 정신적, 육체적 빈곤을 못 이겨 자기 목숨을 끊을 수밖에 없었던 불쌍한 사람은 지옥 간다고 비난하는 것은 문제이다. 예수님은 형제를 미워하는 것을 죄라고 규정하셨는데 지옥이라는 단어를 쓰려면 사기 치고, 도둑질하고, 거짓말하는 모든 죄에 적용하라."

결론적으로, 심판은 하나님의 몫이기에 사람이 말할 수 있는 영역이 아닙니다. 하나님은 우리를 용서하시고 사랑하시고 치유하시는 분이십니다. 자살하면 지옥에 간다는 말을 하는 것은 스스로 하나님이 되어 버린 것과 같습니다.

로마서 14장 8절을 보면 "그러므로 사나 죽으나 우리가 주의 것이로다"라고 말씀합니다. 그러므로 우리는 스스로 생명을 주관해서는 안 됩니다. 생명의 시작과 끝은 하나님의 고유영역입니다. 누구를 죽이는 살인을 해서도 안 되고, 내가 나를 죽이는 살인을 해서도 안 되는 것입니다. 이것은 죄입니다. 우리는 하나님이 주신 귀한 생명을 가지고 행복한 인생을 살아가야 합니다.

첫째, 생명의 소중함을 알아야 합니다.

한 사람이 이 땅에 태어나서 건강하게 자란다는 것은 그냥 되는 게 아닙니다. 한 생명이 태어나기 위해서는 적어도 3억대 1의 경쟁률을 통해서 수정란이 되고, 이 수정란은 분열에 분열을 거듭해서 수많은 세포가 되는데, 이 세포로부터 귀와 입이 생겨나고 인체의 장기도 생성되는 것입니다.

10개월이 되면 이 땅에 한 생명이 태어나게 됩니다. 그리고 태어난 갓난아이는 밤낮없이 두세 시간 간격으로 깨고 젖을 달라고 울어댑니다. 이때의 갓난아이는 조금만 방치해도 죽습니다. 부모의 절대적인 도움이 필요합니다. 부모님은 우리를 키우면서 어떤 조건도 없이 무조건적으로 사랑해 주셨습니다. 그러므로 우리는 세상에서 부모님에게만큼은 그 무엇과도 비교할 수 없는 너무나 소중한 존재입니다. 이와 같이 내 옆에 있는 친구도 그 부모님에게는 너무나도 소중한 존재입니다. 내가 소중한 것처럼 친구도 소중한 존재인 것입니다.

거리를 보면 수많은 각양각색의 꽃들이 피었다 지고 있습니다. 우리의 눈으로 보기에는 다 같은 꽃 같지만 현미경으로 들여다보면 수천 개의 꽃들 중 생김새와 모양이 모두 같은 것은 하나도 없습니다. 그 많은 꽃들이 다른 꽃과 비교하지 않고 피었고, 자기만의 아름다움으로 피어 있는 것입니다.

다른 사람과 비교하면서 살아서는 안 됩니다. 나에게는 나만의 노래가 있고 멋과 아름다움의 향기가 있습니다. 70억이 넘는 인구 중에 나 같은 사람은 나, 오직 한 사람뿐입니다. 똑같은 지문을 가질 확률은 640억분의 일이라고 합니다. 하늘 위에서 던진 실 한 올을 잡을 수 있는 확률보다 더 적은 것입니다. 또한 오른손과 왼손의 지문도 다릅니다.

나는 어느 누구와도 비교할 수 없는, 이 땅에 하나님이 주신 가장 이상적인 최고의 작품입니다. 이 세상에 온 천하를 다 주어도 내 목숨과 바꿀 수 있는 것은 아무것도 없습니다. 우리는 다른 사람이 입혀 주는 옷으로 살지도 말고, 하나님께서 주신 아름다움과 자신감을 가지고 살아가야 합니다.

둘째, 사랑하며 살아가야 합니다.

사도 요한은 요한일서 3장 15절에서 "그 형제를 미워하는 자마다 살인하는 자니 살인하는 자마다 영생이 그 속에 거하지 아니하는 것을 너희가 아는 바라"고 말씀합니다. 예수님은 마태복음 5장 22절에서 "나는 너희에게 이르노니 형제에게 노하는 자마다 심판을 받게 되고 형제를 대하여 라가라 하는 자는 공회에 잡혀가게 되고 미련한 놈이라 하는 자는 지옥 불에 들어가게 되리라"고 말씀하셨습니다.

분노의 감정은 곧 살인의 시작입니다. 인간의 내면을 너무나도 잘 아시는 주님께서 우리를 향하여 주시는 메시지입니다. 즉, 미워하는 마음이 자라서 살인까지 가고, 음란한 마음이 자라서 간음까지 이르게 되는 것입니다. 우리는 누군가를 사랑할 수 없어서 괴롭고 고민될 때 하나님이 나를 어떻게 사랑하셨는지를 깊이 생각하며 미워하지 않고 사랑하려고 노력해야 합니다.

> "우리가 사랑함은 그가 먼저 우리를 사랑하셨음이라"
> (요일 4:19).

우리는 하나님으로부터 참 사랑을 배워야 하기 때문에 하나님 없이 우리의 생각과 감정으로는 참사랑을 할 수 없습니다. 하나님과 연결이 잘되어 있어야 나뿐 아니라 이웃들에게도 아가페적인 사랑을 받아 흘려보낼 수 있습니다. 사랑은 위에 계신 하나님으로부터 오는 것입니다.

결국 믿음 없이는 참사랑을 할 수도 없습니다. 참사랑은 하나님으로부터 오는 것인데, 하나님을 믿지 않는 사람은 진정한 사랑의 공급을 받을 수 없다는 것입니다. 내가 노력하는 것도 중요하지만 열 번 잘해도 한 번 실수하거나 조금만 서운함이 비치면 어딘가 모르게 한계점에 도달하고, 바람이 불면 날아가 버립니다. 그러나 하나님으로부터 공급받고 있는 사랑이라면 상황이나 조건에 따라 변하지 않는 영원한 사랑을 흘려보낼 수 있습니다.

진정한 사랑은 위에 계신 하나님으로부터 오는 것임을 잊지 않아야 합니다.

제6계명 "살인하지 말라"는 계명을 주신 의도는 우리로 하여금 사랑 안에서 하나 된 삶을 살아가라고 하시는 말씀입니다. 이 계명은 사랑할 때에만 순종할 수 있는 계명입니다. 내가 가고 머무는 곳마다, 그리고 만나는 사람에게 사랑의 향기가 가득하기를 바랍니다.

## 예화 나눔 전체를 보는 사랑의 시스템

어느 날 30대 중반쯤 되는 아버지와 네 살 정도 되어 보이는 남자아이가 지하철을 탔습니다. 그런데 그 아이는 무척 산만해서 지하철 안에 서 있는 아저씨의 발을 밟고, 앉아 있는 아주머니의 치마를 들추는 등 정도가 지나친 장난을 하며 뛰어다녔습니다.

그러나 더 화가 나는 점은 그런 아이의 행동을 제지하지 않은 채 그냥 멍하니 보고만 있는 아버지의 태도였습니다. 참다못한 어떤 사람이 이렇게 말했습니다. "이것 보세요. 아이가 이렇게 무례하게 소란을 피우면 좀 교육을 시키든지, 말려야 하는 것 아닙니까?" 그러자 아이의 아빠가 대답했습니다.

"죄송합니다. 사실 지금 막, 오랜 기간 암 투병을 하다 세상을 떠난 아이 엄마의 장례식을 치르고 오는 길입니다. 이 아이는 너무 어려서 엄마의 죽음이 뭔지도 이해하지 못하고 있습니다. 이런 아이를 데리고 앞으로 혼자서 살아갈 생각을 하니 앞이 캄캄해서 잠시 딴생각을 했나 봅니다. 정말 죄송합니다."

이 말을 들은 사람들의 분위기가 일순간 달라졌습니다. 엄마의 죽음이 정확히 어떤 것인지도 모르고 마냥 뛰어다니며 노는 아이를 보고 사람들은 불쌍한 마음을 갖게 되었습니다.

아버지나 아이의 행동에는 변화가 없었습니다. 다만 바라보는 사람들의 이해의 폭이 달라진 것입니다. 부분적으로 알 때는 정죄했지만 전체를 알게 되니 용서하고 측은히 여기고 동정하게 된 것입니다.

사랑은 일부분을 보는 게 아닙니다. 전체를 보고 반응하는 것입니다. 우리가 부분을 보게 되면 정죄의 감옥에 갇히게 되는데, 정죄라는 것은 마귀가 지배하는 시스템입니다. 반대로 하나님이 지배하시는 시스템은 사랑입니다. 사랑의 시스템은 언제나 다시 기회를 주고, 용서해 주고, 이해해 주고, 싸매어 주는 것입니다.

예수님은 정죄에서 우리를 해방시키시려고 이 땅에 오셨습니다. 우리는 삶 속에서 전체를 보는 가운데 더욱 성숙된 사람으로 하나님의 사랑 안에 사는 생애가 되기를 바랍니다.

# 제칠은,

## 간음하지 말라

"간음하지 말라" (출 20:14).

# 창문 열기

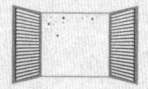

    이 땅을 살아가는 우리에게 가정이란 너무나 소중하고 중요합니다. 우리의 소중한 가정을 거룩하고 아름답게 지켜 가고 세워 갈 수 있도록 주신 말씀이 바로 간음하지 말라는 말씀입니다. 제7계명은 가정의 질서를 거룩하게 유지하도록 주신 말씀입니다.

    간음은 하나님과의 관계를 파괴하고, 자신과 배우자에게 악영향을 끼치고, 불륜을 한 상대 가정에도 죄를 짓는 용서받을 수 없는 죄입니다. 간음을 행하지 않는 것이 하나님과의 관계에서 나를 지키는 것이고, 가정을 지키는 것입니다. 더 나아가서 내가 속한 공동체와 사회, 그리고 국가를 지키는 첫걸음이 됩니다.

    우리 인간의 모든 행복은 하나님이 만드신 아름다운 가정의 질서에 기초하고 있음을 알고, 이 기초가 영원토록 흔들리지 않도록 세워 가야 합니다.

## 거룩함을 파괴하는 간음

제7계명의 "간음하지 말라"는 말씀은 히브리어로 '티느아프'라는 단어를 쓰고 있는데 '간음을 범하다, 거짓 신을 섬기다'라는 뜻을 가지고 있습니다. 원형은 '나아프'라는 단어로, 결혼한 사람이 배우자 외의 다른 상대와 성적인 관계를 맺는 것을 말하고 있습니다. '나아프'라는 의미는 레위기 20장 10절에서 "누구든지 남의 아내와 간음하는 자 곧 그의 이웃의 아내와 간음하는 자는 그 간부와 음부를 반드시 죽일지니라"고 말씀하고 있는데, 이것은 결혼제도 밖에서 성관계를 맺는 어떤 종류의 것이든지 간음죄가 됨을 명시하는 것입니다.

레위기 20장 10-21절을 보면 간음에 해당하는 사례들이 명확하게 나와 있습니다. 남의 아내와의 성적인 관계뿐 아니라 며느리와의 관계, 동성 간의 관계, 동물과의 관계, 이모나 고모와 같은 친족과의 모든 관계를 심각한 범죄라고 말합니다.

> "너희는 그들을 둘 다 성읍 문으로 끌어내고 그들을 돌로 쳐죽일 것이니 그 처녀는 성안에 있으면서도 소리 지르지 아니하였음이요 그 남자는 그 이웃의 아내를 욕보였음이라 너는 이같이 하여 너희 가운데에서 악을 제할지니라"(신 22:24).

제7계명은 하나님의 창조질서에 맞게 정상적인 결혼생활을 하라고 주신 말씀입니다. 간음은 하나님이 세우신 거룩한 가정을 파괴하는 것입니다. 이것은 사람에게 죄를 짓는 것으로 끝나는 것이 아니라 가정을 세우신 하나님께 죄를 범하는 것입니다.

신약시대에 와서 예수님은 마태복음 5장 27-28절에서 "또 간음하지 말라 하였다는 것을 너희가 들었으나 나는 너희에게 이르노니 음욕을 품고 여자를 보는 자마다 마음에 이미 간음하였느니라"고 말씀하셨습니다. 육체적인 행위만이 아니라 마음으로 음란한 생각을 하는 것 자체가 이미 간음한 것이라고 하셨습니다. 부부가 아닌 사람과 성적인 관계를 갖지 않았다고 죄가 없는 것이 아니라 이미 마음으로 원하는 것 자체가 간음이라는 것입니다.

사도 바울은 그리스도인의 몸을 '하나님의 영이 거하시는 성령의 전'이라고 이해하며 하나님의 몸으로 성별되어야 한다고 했습니다.

> "너희는 너희가 하나님의 성전인 것과 하나님의 성령이 너희 안에 계시는 것을 알지 못하느냐 누구든지 하나님의 성전을 더럽히면 하나님이 그 사람을 멸하시리라 하나님의 성전은 거룩하니 너희도 그러하니라"(고전 3:16-17).

그리스도인 안에 그리스도의 신령한 영이 계시는데 음란에 빠져서 사용된다면 그는 영적으로, 육적으로 간음한 더러운 죄인이라는 것입니다. 더 나아가서 사도 바울은 "몸은 음란을 위하여 있지 않고 오직 주를 위하여 있으며 주는 몸을 위하여 계시느니라"(고전 6:13), "창녀와 합하는 자는 그와 한 몸인 줄을 알지 못하느냐"(고전 6:16)라고 말했습니다. 즉, 그리스도인의 몸이 음란을 위해 사용되면 그의 몸은 창녀의 몸이 된다고 말씀하고 있습니다.

하나님께서 간음하지 말라고 하시는 것은 결혼한 가정을 거룩하고 아름답게 보호하시기 위해 선포하신 사랑의 명령입니다.

## 바로 부부의 길

### 결혼은 하나님의 언약

하나님이 창조하신 최초의 공동체는 가정입니다. 하나님이 인간을 창조하실 때 가정도 함께 만드셨습니다. 하나님이 세우신 가정은 남녀 두 사람이 부모를 떠나 독립해서 인격과 육체적으로 연합하여 하나님을 섬기는 것이 창조의 구체적 영역이고 법칙입니다.

결혼이란 한 남자와 한 여자가 하나님 앞에서 서약한 것이라고 말라기 2장 14절에서 "이는 너와 네가 어려서 맞이한 아내 사이에 여호와께서 증인이 되시기 때문이라"고 말씀하고 있습니다. 결혼식을 하게 되면 양가 부모와 친척들과 친구들이 증인으로 참여하지만 시간이 지나면 당사자도 결혼의 언약이 희미해져 갈 것입니다. 그러나 결혼의 제도를 만드시고 결혼을 통하여 둘이 하나가 되도록 인도하신 하나님은 결혼의 약속을 결코 잊지 않고 주목하고 계신다는 사실을 알아야 합니다. 우리는 세월이 흘러도 하나님 앞에서의 그 언약의 약속을 잊지 말고 지키며 살아가야 합니다.

우리는 결혼식에서 나 ○○○은 신부 ○○○양(신랑 ○○○군)을 아내(신랑)로 맞아 그대의 생명이 다할 때까지 사랑하고 존중히 여기고 도와주며 위로하면서 남편의(아내의) 책임을 다할 것과 부부의 대의와 정조를 굳게 지킬 것을 서약합니다. 우리는 이와 같이 하나님 앞에서와 여러 증인들 앞에서 "예"라고 서약했습니다. 이 언약을 끝까지 지켜 나가야 합니다.

> "너는 네 우물에서 물을 마시며 네 샘에서 흐르는 물을 마시라 어찌하여 네 샘물을 집 밖으로 넘치게 하며 네 도랑물을 거리로 흘러가게 하겠느냐 그 물이 네게만 있게 하고 타인과 더불어 그것을 나누지 말라 네 샘으로 복되게 하라 네가 젊어서 취한 아내를 즐거워하라"
>
> (잠 5:15-18).

하나님 앞에서 맺은 부부의 언약은 부부 외에는 그 누구와도 나눌 수 없습니다. 하나님 말씀에 순종하는 부부가 행복할 수밖에 없는 것입니다. 부부 사이에 언약적 사랑의 요소가 사라질 때 위기가 찾아옵니다. 결혼이란 하나님 앞에서의 언약이라는 것을 영원히 기억하고 지켜나가는 부부가 되어야 합니다.

### 부부는 상호 동등한 관계

하나님께서 아담을 만드시고 혼자 사는 것이 좋지 않아서 아담을 깊이 잠들게 하고 갈빗대 하나를 취하여 살로 채워서 돕는 배필을 만드셨습니다. 창세기 2장 23절을 보면, "아담이 이르되 이는 내 뼈 중의 뼈요 살 중의 살이라"고 말합니다. 아담의 이 고백은 하와가 무엇으로도 대치할 수 없는 절대적인 가치를 가진 존재라는 것을 말한다고 할 수 있습니다. 이 표현은 자신과 동질성과 동등성을 가진 배필에 대한 기쁨의 환호였습니다.

하와를 본 아담의 첫 고백은 하나님께 감사함도 아니었고, 아름다움에 대한 감탄도 아니었습니다. 배우자로 인해 기뻐함과 가치를 인정함이 부부의 자리임을 말씀하고 있습니다.

우리는 여자를 '돕는 배필'이지 않냐고 말하면서, '돕는 자'라는 단어를 흔히 한 단계 낮은 보조자의 개념으로 생각하고 가르치고 있습니다. 그러나 이 단어는 열등성이나 종속성의 의미는 가지고 있지 않다는 사실을 알아야 합니다.

'배필'이라는 단어 역시 남녀의 동등성을 가지고 있는 '네게트'라는 단어를 쓰는데, 숙어적으로 '그에게 어울리는 파트너'로 번역되는 단어입니다. 풀러 신학대 김세윤 교수는 '네게트'라는 단어는 전도서 4장 9-10절 "두 사람이 한 사람보다 나음은 그들이 수고함으로 좋은 상을 얻을 것임이라 혹시 그들이 넘어지면 하나가 그 동무를 붙들어 일으키려니와"에 나오는 '동무'라는 단어에서 발견되며, 동무 관계는 동등한 관계에서만 가능하다고 말하고 있습니다.

그러므로 '돕는 배필'이란 남자를 여자보다 우월한 존재로 묘사한 단어가 아닙니다. 즉, 하나님께서 부부관계에 의도하신 뜻은 부부가 동등성에 기초를 둔 상호 협력적인 관계임을 말씀해 주고 있다는 사실입니다. 하나님은 아담의 독처함을 해결하시기 위해 아담에게 꼭 어울리는 상호 동등한 파트너로서 하와를 지으셨다는 것을 기억해야 합니다.

예수님 당시 여성에게 율법을 가르치는 것은 허용되지 않았으며, 여성들은 예배를 드릴 수조차 없었습니다. 여성은 사람 수에도 계수되지 않았습니다. 또한 간음이란 죄도 여성에게만 해당되었습니다. 그러나 예수님은 마가복음 10장 11-12절에서 "이르시되 누구든지 그 아내를 버리고 다른 데에 장가 드는 자는 본처에게 간음을 행함이요 또 아내가 남편을 버리고 다른 데로 시집 가면 간음을 행함이니라"고 말씀하시며, 당시 남녀 간의 부당한 구조를 비판적으로 보시고 아내를 남편과 동등한 위치에 놓으시며 보호하려고 하셨음을 알 수 있습니다.

사도 바울도 남녀 관계를 분명하게 선포하고 있습니다.

> "너희는 유대인이나 헬라인이나 종이나 자유인이나 남자나 여자나 다 그리스도 예수 안에서 하나이니라" (갈 3:28).
>
> "그러나 너희도 각각 자기의 아내 사랑하기를 자신같이 하고 아내도 자기 남편을 존경하라"(엡 5:33).

하나님이 부부에게 주신 사명을 잘 감당하기 위해서는 남편과 아내가 동등한 부부 관계 속에서 서로 사랑하고 존경하며 섬겨야 가능합니다.

### 부부의 성(性)

결혼한 부부는 육체와 영혼이 둘이 아닌 하나입니다. 창세기 2장 24-25절은 "이러므로 남자가 부모를 떠나 그의 아내와 합하여 둘이 한 몸을 이룰지로다 아담과 그의 아내 두 사람이 벌거벗었으나 부끄러워하지 아니하니라"고 말씀합니다. 이것은 결혼을 통하여 둘이 하나가 되었음을 말씀하고 있는 것입니다. 그 하나 됨 속에 두 사람 외의 다른 사람이 함께할 수 없습니다.

하나님께서는 하나가 된 부부가 사랑하며 성적인 관계를 갖게 하셨습니다. 결혼은 오직 부부만이 성적인 만족을 위해 정하신 하나의 질서라고도 말할 수 있습니다. 부부의 성적인 관계는 사랑과 신뢰를 깊게 해주시는 하나님이 주신 귀한 선물입니다.

또한 하나님은 부부의 사랑의 행위 속에서 복을 내려 주시고, 그 사랑 안에서 태의 열매로 다음 세대를 이어가게 하시는 자녀의 복을 주십니다. 하나님께서 부부가 서로에 대하여 사랑을 표현하는 데에는 언어적인 대화 이상이 필요하다는 사실을 아시고, 사랑의 헌신과 영혼의 일치를 완전하게 전달하는 아름다운 방법을 성적인 관계를 통해서 제공해 주신 것입니다. 성은 부부에게 주신 하나님의 귀한 선물입니다.

그러나 모든 사람이 성에 대해서 좋은 생각을 가지고 있는 것은 아닙니다. 어떤 신앙인은 성과 믿음을 통합시키지 못하고 자신의 성욕이 믿음생활에 좋은 영향을 주지 못한다고 생각합니다. 즉 하나님과 성을 동시에 사랑할 수 없다고 말합니다. 사실 초대교회 교부들은 "성은 선물이 아닌 죄에 빠짐으로 생긴 쓴 열매"라고 말하기도 하고, "자기 부인을 너무 열정적으로 사랑하는 자는 간음하는 자다"라고 주장하기도 했습니다. 그러나 이와 같은 생각은 성에 관한 잘못된 이해에서 오는 것입니다. 문제는 아름다운 성을 왜곡하고 남용하고 파괴하는 데 있습니다.

더 나아가서 성적인 욕구가 일어나는 것만으로도 불결하거나 죄악된 것으로 문제시하는 경향이 있기도 합니다. 그러나 이러한 현상은 자연적인 현상이고, 인간의 생명을 보존하시려는 하나님의 섭리가 스며 있는 것입니다. 성적인 욕구를 문제시하는 것은 잘못입니다. 이는 부부 안에서 하나님의 정하신 질서 안에서 만족되어야 하는 부분입니다. 하나님께서는 성을 선하고 아름답게 창조하셨습니다.

하나님께서는 행복한 부부 관계를 파괴하시기 위함이 아니라 지키시기 위해서 성을 주셨습니다. 그러므로 결혼이라는 테두리 안에서 한 몸을 이루어야 합니다. 결혼 밖에서 한 몸을 이루는 것은 간음죄로서 우리의 영혼과 육체를 파괴하는 요인을 불러일으키게 됩니다. 부부는 한 몸이기에 모든 육체적인 소유를 공유하며 물질과 사상과 감정과 이성과 신앙까지도 공유하는 한 몸을 이룰 때 건강한 부부 관계를 유지해 나갈 수 있습니다. 부부 관계에 있어서 올바른 성생활은 서로를 깊이 사랑하는 표현인 동시에 전인적인 일치를 가져다주는 하나님의 선물입니다.

또한 진정한 부부는 "아담과 그의 아내 두 사람이 벌거벗었으나 부끄러워하지 아니하니라"(창 2:25)는 말씀이 가정 안에 이루어져야 합니다. 여기서 벌거벗었다 함은 '수치'와 '아름다움'이란 두 단어 모두를 생각할 수 있습니다. 진정한 부부 관계란 '수치'와 '아름다움'이라는 두 단어 모두를 수용하고 받아들이는 관계입니다. 하나님께서 우리의 아름다움과 더불어 허물과 죄악을 용서

하시고 받아주심같이 부부 또한 서로를 받아들일 수 있을 때 진정한 부부 관계를 형성할 수 있습니다.

'벌거벗었으나 부끄러워하지 아니함'이라는 말씀은 결혼을 해서 한 몸을 이룬 아내와 남편을 향한 놀라운 특권입니다. 진정한 부부 관계란 서로의 어떠한 모습에도 부끄러움을 느끼지 않고, 하나님께서 우리를 향하여 긍휼하심으로 감싸 주심같이 서로의 허물과 수치를 덮어 주는 것입니다.

## 독신, 이혼, 재혼

### 독신은 자유와 아름다움

오늘날 교회는 부부와 자녀들에게 많은 관심을 가지고 다양한 프로그램을 운영하지만 독신자, 이혼자, 재혼자에 대해서는 관심이 없기에 이들이 설 자리가 없습니다. 그러나 우리는 이들에게 무엇보다 많은 관심을 가질 수 있어야 합니다.

먼저 교회 안에서 독신자들을 생각할 때 결혼하는 것이 정상적인 삶을 사는 방향이고 독신은 비정상적인 삶이라는 편견을 가진 시선으로 바라보는 경향이 있습니다.

그러나 사도 바울은 고린도전서 7장 8-9절에서 "내가 결혼하지 아니한 자들과 과부들에게 이르노니 나와 같이 그냥 지내는 것이 좋으니라 만일 절제할 수 없거든 결혼하라 정욕이 불같이 타는 것보다 결혼하는 것이 나으니라"고 말했습니다. 즉 결혼하지 아니한 자와 남편을 잃고 혼자 사는 분들을 향해 성적인 욕구와 유혹, 정욕의 문제로 고통을 당할 것 같으면 결혼을 하는 것이 좋고, 그렇지 않다면 독신으로 살아가는 것이 좋다고 말씀하고 있습니다.

사도 바울이 "그러므로 결혼하는 자도 잘하거니와 결혼하지 아니하는 자는 더 잘하는 것이니라"(고전 7:38)고 한 것은, 결혼을 해서 가정을 이루는 것도 좋은 것이고 독신으로 머물러 있으면서 사는 것도 하나님의 좋은 선물이라는 것입니다.

사실 나는 결혼을 하고 싶은데 마음에 흡족한 사람을 만나지 못한 경우도 있고 시기를 놓친 경우도 있을 수 있습니다. 그러나 여기에 내가 알지 못하는 하나님의 뜻이 어디에 숨어 있는지는 모르는 일입니다.

결혼을 했다고 해서 행복을 더 누리고 성공한 인생이라고 말할 수는 없습니다. 반대로 결혼을 안 해서 행복을 덜 누리게 되고 불행한 것은 아닙니다. 우리는 어떠한 삶의 자리에서든지 하나님 앞에서 더 멋진 삶을 실현하고 사는 것이 중요합니다.

결론적으로, 예수님도 결혼을 안 하셨고 사도 바울도 평생 독신으로 혼자 살며 주의 복음을 전하다가 순교했습니다. 오늘 우리가 섬기고 있는 교회는 확대된 하나님의 가족공동체라는 것을 기억하고, 독신자들이나 남편을 먼저 보내고 혼자 사시는 분들을 한 가족으로 더욱 소중하게 여기고 진심으로 사랑하며 함께 아름다운 모습으로 주님을 섬겨 가야 할 것입니다.

### 이혼은 회복으로 가야 함

결혼이란 하나님 앞에서의 언약이기에 인간의 뜻대로 파기할 수 없고 끝까지 지켜 나가야 하는 언약입니다. 그러나 예수님은 마태복음 5장 32절에서 "나는 너희에게 이르노니 누구든지 음행한 이유 없이 아내를 버리면 이는 그로 간음하게 함이요 또 누구든지 버림받은 여자에게 장가드는 자도 간음함이니라"고 말씀하셨습니다. 이 본문을 보면 이혼을 금지시키셨지만 예외조항으로 부부 가운데 한 사람이 음행한 경우에는 허용하신 것을 볼 수 있습니다.

사실 예수 그리스도 안에서 모든 죄는 용서될 수 있습니다. 누구든지 음란한 유혹에 넘어가 간음죄를 지을 수 있는 가능성이 있습니다.

요한복음 8장 1-11절을 보면, 사람들이 예수님께 현장에서 간음한 여인을 끌고 왔을 때 예수님은 "너희 중에 죄 없는 자가 먼저 돌로 치라"고 하셨고, 간음한 여인에게는 "나도 너를 정죄하지 아니하노니 가서 다시는 죄를 범하지 말라"고 하셨습니다. 간음한 사람은 용서하셨지만 그 간음 행위에 대해서는 정당화하지는 않으셨습니다. 다시는 죄를 범하지 말라는 말씀은 그 죄와 완전히 결별하기를 원하신 것입니다.

그렇기 때문에 간음한 사람이 뉘우치고 회개할 때 용납하여 바른 사람으로 회복할 수 있는 기회를 주어야 하며, 결혼관계를 유지하기 위하여 노력하는 것이 바람직하다고 할 수 있습니다.

그러나 좀 더 깊이 있게 그 당시 시대적인 배경으로 본문을 보면, 배우자의 부정행위를 말하는 것보다는 결혼 자체가 성립될 수 없는 근친 간의 동거 등에 쓰는 단어가 음행이었습니다. 이렇게 볼 때 앞에서 말한 배우자의 불륜에 대해서는 다시 회개할 때 용서하고 회복할 수 있는 기회를 주어야 한다는 것입니다.

또한 예수님은 부당한 이혼을 한 사람과의 재혼을 허용하지 않으셨습니다. 이 말씀은 이혼의 상황을 만든 근본 원인을 찾아 제거해 버리고 하나님 앞에서 언약한 결혼을 끝까지 아름답게 마무리하라는 명령의 말씀인 것입니다.

그리고 음행에 이어서 이혼이 허용되는 사항을 고린도전서 7장 12-16절에서 말하고 있는데, "믿지 아니하는 아내와 남편으로 인하여 갈등이 생겼을 때 갈리거든 갈리게 하라"고 했습니다. 그러나 상대방이 함께 살기를 원한다면 버리지 말고 살아야 합니다. 왜냐하면 같이 살면서 구원받게 될지 모르기 때문입니다. 이 말씀은 신앙적인 갈등에서 오는 고의적인 저버림은 이혼 사유로 인정하지 않으심으로 받아야 합니다.

### 재혼은 차선의 행복

성경은 재혼에 대해서는 반대하지 않습니다. 재혼을 하게 되는 배경이 사별이라면 죽음이 결혼의 언약으로부터 자유케 하기 때문에 전혀 문제 되지 않습니다. 여기에 대해서 로마서 7장 3절은 "만일 남편이 죽으면 그 법에서 자유롭게 되나니 다른 남자에게 갈지라도 음녀가 되지 아니하느니라"고 말씀합니다. 어찌 보면 사회적으로 약자인 여성이 재혼을 통하여 보호 받게 된다는 의미도 포함되어 있습니다.

사실 재혼을 하게 되면 재혼하려는 배우자 간에 기대치도 있고 새로운 가족에 대한 유대관계 형성으로 해결해야 될 어려움들도 있습니다. 이러한 부분을 잘 극복하도록 교회공동체 안에서 정서적으로 심리적으로 힘이 되어 주고, 재혼을 새로운 축복으로 격려해 주어야 합니다.

재혼에 있어서 어려운 점은 이혼한 사람이 재혼을 하게 되는 경우를 어떻게 보느냐의 문제입니다. 마태복음 19장 9절은 "내가 너희에게 말하노니 누구든지 음행한 이유 외에 아내를 버리고 다른 데 장가 드는 자는 간음함이니라"고 말씀합니다. 이는 만약 배우자의 간음으로 이혼한 경우라면 재혼을 하더라도 간음죄에 해당되지 않는다고 이해할 수 있습니다. 즉, 배우자의 간음으로 인해 이혼한 관계라면 재혼은 인정되어야 한다는 것입니다. 따라서 정당한 사유로 인한 이혼은 언약관계가 끝났을 뿐 아니라 새로운 언약인 재혼을 위한 합리적 근거가 된다고 말할 수 있습니다.

이러한 정당한 이유 외에 가정폭력, 성격 차이, 시댁과의 갈등, 자녀문제, 경제적 무능함 등 다양한 부분에 대해서는 교회마다 가능하다고 가르치기도 하고 반대하기도 하고 침묵하기도 하지만, 초대교회는 전반적으로 긍정적으로 받아들이면서도 공적인 직무에서는 일정 기간 직분자로 임명하는 것을 금지한 것을 볼 수 있습니다. 이것은 결혼의 모범을 교회에서 세우기 위한 입장인 동시에 복음의 수용성이라고 볼 수 있습니다. 이 원리는 하나님은 우리들의 모든 죄를 용서하시는 분이시기에 오늘날에도 긍정적으로 수용되고 유지되어야 합니다.

그러나 좀 더 깊이 있게 디모데전서 3장 12절을 보면, "집사들은 한 아내의 남편이 되어 자녀와 자기 집을 잘 다스리는 자일지니"라고 말씀하고 있는데, 오늘날의 대부분의 신학자들은 한 아내의 남편이란 그 사람이 한 번만 결혼한 것을 말하는 것이 아니라 그의 현재 상태를 말하는 것으로 이해합니다. 즉 현재 한 아내와 살며, 도덕적으로 성실한 삶을 살고 있는 사람이라고 보는 것이 합당한 성경해석이라고 볼 수 있습니다. 그가 현재 한 여인에게 성실한 남자로서 가정생활을 잘하고 있는가를 묻고 있는 것입니다. 즉 이혼과 재혼을 한 사람이라고 해서 교회에 직분자로서 헌신하는 데 조금도 문제될 것이 없을 뿐 아니라 목회자로서의 사명을 감당하는 데도 문제될 것이 없다는 말씀입니다.

교회 공동체는 재혼을 부정적으로 보아서는 안 되고, 재혼을 차선의 행복으로 보고 그들이 가지고 있는 상처와 아픔을 위로해 주고 새로운 출발에 대해서 격려하고 따뜻하게 품을 수 있어야 합니다. 그러나 정당한 이유 없이 이혼과 재혼을 원하는 경우에는 하나님의 언약으로서의 결혼의 중요성을 분명히 전달하며, 상담과 충고를 통해 결혼의 언약을 다시 회복시킬 수 있도록 최대한 노력해야 합니다.

현재 이혼과 재혼의 어려운 문제로 고통 중에 있는 분이 있다면 상처가 치유되고 회복되도록 기도도 해주고 행복할 수 있도록 도울 수 있어야 합니다. 그러나 성적인 관계는 합법적으로 하나님의 언약적인 결혼관계가 이루어지는 범위 안에서 허용될 수 있다는 것을 기억해야 합니다.

## 창조질서를 따라하는 성(性)

### 건전한 이성교제의 길

오늘날 우리는 보이는 것과 듣는 것이 온통 바르지 못한 성과 관련된 음란한 문화와 성의 상품화를 접하면서 살아간다고 할 수 있습니다. 중요한 것은 올바른 이성교제와 성의 개념을 가지고 아름답게 유지하여서 장래에 후회의 그림자가 없도록 해야 한다는 것입니다.

우리는 청소년기의 이성교제를 긍정적으로 봐야 하느냐, 아니면 부정적으로 봐야 하느냐 하는 문제를 갖고 있습니다. 제가 말하고 싶은 것은 "빨리 피는 꽃이 향기로운 건 아니다"라는 것입니다. 청소년기는 인생의 봄의 시기로서 자기 인생의 기초를 다지는 가장 중요한 시기라는 것을 기억하고, 고기를 낚기 위한 그물을 엮어 가는 시기에 열심히 준비한다면 그에 합당한 사람을 얼마든지 만나게 된다고 생각합니다.

청소년기에는 미래의 꿈과 비전을 다지는 것이 주제가라면 이성교제는 부제가라는 것을 알아야 합니다. 공부해야 할 시기에 학업을 소홀히 하게 되면 그에 따르는 책임과 의무는 전적으로 본인의 몫이 되어 되돌아온다는 것입니다. 부조건적으로 안 된다는 것이 아니라 결국에는 자신의 실력과 자기의 세계가 든든할 때 상대방을 배려해 주고 보호해 주고 세상을 아름답게 만들어 갈 수 있는 힘도 주어지는 것을 알아야 합니다.

더 나아가서 사회생활을 하면서 이성 간에 사랑한다는 이유로 상대방이 원한다고 잠자리를 함께하는 것은 죄가 됩니다. 성경은 아무리 장래를 약속한 사이라 할지라도 이 사회가 요구하는 법적 절차에 따라 정식 부부가 되지 않았다면 성적인 관계를 결코 가질 수 없다고 말씀합니다.

그런데 요즘 대학가에 동거문화가 유행처럼 번지고 있습니다. 아예 하우스메이트(housemate)를 구하는 사이트까지 만들어져서 겉으로는 생활비를 아낀다고 하지만 실제적으로는 한 여자와 동거를 하다가 지겨워질 때쯤 되면 거의 지능적으로 싸움을 일으켜 자연스럽게 헤어진다는 문제들이 끊이지 않고 이야기되고 있습니다. 동거문화는 육체뿐만 아니라 영혼을 파괴하는 것입니다.

사랑은 하되 후회되지 않는 이성의 아름다운 꽃을 피우기 위해서는 다양하고 폭넓은 만남을 가지며 인격적, 사회적, 문화적 소양을 갖추게 될 때 이후에 더 좋은 열매를 맺을 수 있음을 알아야 합니다.

하나님의 자녀가 결혼제도 밖에서 성적인 관계를 맺는 것은 그것이 어떤 종류의 것이든 간음죄를 짓는 것입니다. 하나님께서 우상숭배를 간음에 비유하셨다는 사실은 간음이 하나님께서 극히 혐오하시고 정죄하시는 행위임을 말해 주는 것임을 직시해야 합니다. 우리가 하나님이 주신 몸과 마음을 거룩하게 지켜 나갈 때 더 큰 행복과 기쁨이 예비되어 있음을 알아야 합니다. 우리는 성 윤리의 타락과 음란한 문화를 단호하게 거부할 수 있어야 합니다.

### 간통죄 폐지는 하나님 앞에 불법

헌법재판소는 지난 2015년 2월 26일에 형법상의 '간통죄'에 대하여 위헌 판결을 내렸습니다. 헌재의 결정문에서 "성(性)에 대한 국민의 법 감정이 변하고 간통죄 처벌의 실효성도 의심되는 만큼 간통죄 자체가 위헌"이라고 판시했습니다. 국민은 개인의 성적 자기결정권을 보장한다는 측면과 더불어 권리 보장에 맞는 성숙한 성 도덕의식을 키우고, 배우자와 자신의 가정을 지키기 위한 책임 있는 시민의식을 고취시켜야 한다는 것입니다.

그러나 결혼은 국가가 관리하는 일종의 사회적 계약이므로, 간통죄는 성적 자기결정권만 해당되는 것이 아니라 국가가 관리하는 가정이라는 결혼제도를 훼손하는 것까지 포함된다고 할 수 있습니다. 즉 간통죄 폐지는 자기의 쾌락과 욕망을 선택함으로 부부간에 심각한 상처를 입힐 수 있고, 그들의 자녀에게까지 아픔을 주는 유감스러운 판결이라고 할 수 있습니다.

간통죄가 폐지된 이후로 2주 만에 대표적인 불륜 중개 사이트 '애슐리 매디슨'에 10만 명이 신규가입을 하여 40만 달러의 수익을 창출했다고 합니다. 애슐리 매디슨 홈페이지에는 "인생은 짧습니다. 바람을 피우세요"(Life is short. Have an affair)라는 문구가 걸려 있으며, 이들은 자신들이 불륜을 하는 사람들의 소통 수단이 되어 불륜 의도를 가진 사람의 부작용을 최소화할 수 있게 하는 것이라고 주장합니다. 현재 46개국에서 3,400만 명이 가입했다고 합니다. 애슐리 매디슨은 한국에서 2016년까지 가입자 160만 명을 유치할 계획이며, 2020년이면 한국 시장은 연매출 83억 원 정도가 되어 전 세계에서 3위에 오를 것으로 전망하고 있습니다.

그러나 간통죄가 폐지되었어도 불법인 것은 사실입니다. 형법상 범죄는 되지 않아도 윤리적으로 도덕적으로 용인되는 것이 결코 아니기에 민법상 책임은 져야 합니다. 그러나 무엇보다도 우리는 십계명의 제7계명인 "간음하지 말라"는 절대적이고 변함없는 하나님의 명령 앞에 깨끗해야 하고, 진실해야 하고, 부끄러움이 없어야 합니다. 우리 모두 하나님의 법이 세상 사람들이 정하는 법 위에 있음을 기억하고, 어두워져 가는 죄악의 세상에 간음하지 말라는 주님의 절대적인 말씀의 빛을 드러내는 믿음의 사람이 되기를 바랍니다.

### 동성애는 하나님의 질서에 도전

동성애는 생물학적 또는 사회적으로 같은 성을 가진 사람들 간의 감정적, 성적 끌림 혹은 성적 행위를 뜻합니다. 동성애 성향을 가진 사람을 동성애자라고 하는데, 남성 동성애자를 게이라고 하고 여성 동성애자를 레즈비언이라고 부르고 있습니다. 또한 남성과 여성을 묶어서 게이라고 부르기도 하고 퀴어, 이반이라고도 부릅니다.

그러나 이러한 성향이 만들어진 것은 유전적인 것도 아니고 선천적이지도 않습니다. 왜냐하면 여러 가지 요인에서 찾을 수 있겠지만 특별히 부모의 잘못된 성 역할 모델의 영향이나, 동성애를 미화하는 문화에 대한 호기심과 충동, 신체적 요소와 심리적 경향, 유년기의 불안한 성 정체성에 이유가 있다고 보고 있기 때문입니다.

또한 동성애를 치유 불가능한 것으로 보는 것은 잘못된 지식입니다. 많은 임상심리 자료의 결과들을 보면 얼마든지 치료 가능하나는 것을 통계석으로 볼 수 있습니다.

동성애는 왜곡된 성의 선택이라고 할 수 있습니다. 동성애 합법화를 찬성하는 단체들은 동성애 폐혜는 철저히 숨기면서 인권적 측면만을 부각시켜 마치 동성애를 누구든지 마음 놓고 즐겨도 되는 아름다운 사랑으로 왜곡시키는 방향으로 가고 있습니다. 또한 반대하고 비판하는 사람에게 법적인 적용을 통해서 벌금과 형벌을 추진하고 있습니다.

우리가 생각해야 할 부분은, 사회가 농성애자를 위한 진정한 인권으로 그들이 평생 동성애자로 살도록 방치하는 것이 아니라,

동성애자가 아닌 하나님이 창조하신 정상적인 이성애자의 삶을 살도록 도와야 한다는 것입니다.

동성애는 전 세계적으로 논란이 계속되고 있지만 동성 결혼의 경우 지도에 표기된 237개국 중 21개국이 허용하고 있습니다. 그러나 이렇게 인정하고 있는 나라들은 대개 포르노를 합법화하여 성적인 타락을 법적으로 허용하고 있는 나라들입니다. 현재 전 세계 92%의 나라에서는 동성애가 합법이 아니며, 아시아에서 동성애를 인정하는 국가는 없습니다.

미국은 2015년 6월 26일에 연방대법원에서 대법관 9명 중 5명의 찬성 표결로 동성 결혼을 합법화한 21번째 국가가 되었습니다. 2004년에 매사추세츠 주가 미국 최초로 동성 결혼을 합법화하는 주가 된 지 11년 만에 미국 50개 주에 동성 결혼이 합법화된 것입니다.

그러나 로버츠 연방대법원장은 이번 판결이 잘못된 사법적극주의(판사의 판결이 현행법에만 기초한 것이 아니라 판사 개인의 의견이나 정치적인 고려에 의해 이뤄져도 된다는 견해)의 대표적인 사례이며 헌법에 기초하지 않는 판결이라고 지적하면서, "동성 결혼 합법화 판결은 동성애자들이 결혼을 하고 싶어 하기 때문에 동성 결혼을 허용해야 한다는 다수 대법관들의 확신 그 이상 그 이하도 아니다"라고 했습니다.

미국의 동성 결혼 합법화는 다른 국가들에게 큰 영향을 줄 뿐 아니라 또 다른 종류의 결혼(일부다처제나 일처다부제)을 지지하는 사람들에게도 영향을 미치며, 다양한 부작용도 더욱 선명하게 드러날 것으로 예상하고 있습니다. 더욱 이 결정은 기독교 신앙과는 대치되는 결정으로, 기독교 국가의 정체성과는 거리가 멀어지는 모습을 보며 많은 우려를 낳고 있습니다.

로마서 1장 26-27절은 "이 때문에 하나님께서 그들을 부끄러운 욕심에 내버려 두셨으니 곧 그들의 여자들도 순리대로 쓸 것을 바꾸어 역리로 쓰며 그와 같이 남자들도 순리대로 여자 쓰기를 버리고 서로 향하여 음욕이 불일 듯하매 남자가 남자와 더불어 부끄러운 일을 행하여 그들의 그릇됨에 상당한 보응을 그들 자신이 받았느니라"고 말씀합니다.

레위기 18장 22절은 "너는 여자와 동침함같이 남자와 동침하지 말라 이는 가증한 일이니라"고 말씀합니다. 동성애는 하나님의 창조질서에 정면으로 도전하는 행동이라고 할 수 있습니다. 그래서 레위기 20장 13절에서 "누구든지 여인과 동침하듯 남자와 동침하면 둘 다 가증한 일을 행함인즉 반드시 죽일지니 자기의 피가 자기에게로 돌아가리라"고 말씀하고 있습니다.

성경은 동성애에 대해서 철저히 금지하고 있습니다. 아무리 사회법이 동성애에 대해서 관대하고 합법화되었다 할지라도 동성애가 죄라는 것은 분명한 사실입니다. 성경은 바른 방법대로 남녀가 사랑하는 것을 말씀하고 있습니다. 허용되지 않는 남녀 사랑은 하나님 앞에 죄가 되는 것입니다.

　더 나아가서 동성애뿐만 아니라 우리 안에 있는 죄에 대해서도 우리는 단호하게 반대해야 합니다. 또한 인간을 향한 하나님의 계획과 의도를 바꾸려는 사회에 대해서도 동의하지 않고 반대할 수 있어야 합니다. 우리 신앙인은 타락하고 문란해져 가는 세상에 산다 해도 그 행동하는 모양을 따라가서는 안 됩니다. 우리는 하나님께서 인간을 남녀로 창조하신 질서와 목적대로 거룩한 성의 정체성을 가지고 살아야 합니다.

　사도 바울은 에베소서 5장 3절에서 "음행과 온갖 더러운 것과 탐욕은 너희 중에서 그 이름조차도 부르지 말라 이는 성도에게 마땅한 바니라"고 했습니다. 오늘을 살아가는 신앙인은 만연한 음란문화와 그 형태들에 대해 단호히 거절할 수 있어야 합니다.

　하나님이 주신 성은 아름다운 것입니다. 성은 하나님의 언약 안에서 부부 된 두 사람에게 사랑과 신뢰를 깊게 해주시는 하나님의 선물입니다. 그러나 반대로 잘못 사용하면 개인과 사회와 국가를 파괴할 수 있는 위험성을 가지고 온갖 고통과 불행과 후회의 무서운 파멸을 불러옵니다. 우리는 간음하지 말라는 주의 말씀에 깨끗함을 가지고 음행의 더러운 것은 이름조차 부르지 말고 살아가야 합니다. 그러기 위해서는 무엇보다 하나님의 말씀과 기도로 거룩한 삶을 살아가야 합니다.

사람은 죄와 유혹에 약한 존재입니다. 새가 우리의 머리 위를 날아가는 것은 피할 수 없지만 그 새가 머리에 둥지를 트는 것은 막을 수 있습니다. 기도하지 않는 것은 유혹을 기다리는 것과 같습니다. 우리는 시험에 들지 않도록 항상 기도해야 합니다.

> "사랑하는 자들아 너희는 너희의 지극히 거룩한 믿음 위에 자신을 세우며 성령으로 기도하며"(유 1:20).

기도하는 사람에게는 음란의 영이 마음의 빗장을 열지 못합니다. 기도하는 사람에게 하나님께서 항상 함께하십니다.

또한 우리가 하나님의 말씀이 삶의 지시표가 되도록 우리의 마음을 채울 때 음란한 생각을 하게 만드는 사탄보다 한 수 더 앞서 지혜롭게 대처할 수 있도록 인도해 주실 것입니다. 시편 119편 9절은 "청년이 무엇으로 그의 행실을 깨끗하게 하리이까 주의 말씀만 지킬 따름이니이다"라고 말씀하고 있고, 디모데후서 3장 16절은 "모든 성경은 하나님의 감동으로 된 것으로 교훈과 책망과 바르게 함과 의로 교육하기에 유익하니"라고 말씀합니다.

시편 119편 105절의 "주의 말씀은 내 발의 등이요 내 길에 빛이니이다"라는 말씀대로 하나님의 말씀이 내 삶을 통치하도록 해야 합니다. 우리를 유혹하는 세속적인 문화가 많이 있지만 말씀을 통하여 준비된 사람은 하나님이 주시는 지혜를 가지고 환경과 상황에 따라 잘 대처할 수 있습니다. 우리가 말씀 속에 살아갈 때 비로소 우리는 파도같이 밀려오는 부도덕한 죄의 유혹에서 거룩하고 순결한 삶으로 승리의 인생을 살아갈 수 있습니다.

고린도전서 6장 9절, "미혹을 받지 말라 음행하는 자나 우상숭배하는 자나 간음하는 자나 탐색하는 자나 남색하는 자"는 10절에서 "하나님의 나라를 유업으로 받지 못하리라"고 했습니다. 하나님의 나라는 깨끗하고 거룩한 나라이며, 이 나라에 참여할 수 있는 사람은 내 몸을 하나님의 거룩한 성전으로 여기고 지켜 나가는 자임을 기억해야 합니다.

제7계명의 "간음하지 말라"는 하나님의 말씀 앞에 세상적인 성 윤리와 음란의 문화와 결별하고 나 자신과 가정, 사회, 국가를 거룩하게 세워 가고자 하는 열망을 가지고 사는 가운데 주의 절대적인 말씀의 빛을 드러내는 믿음의 생애가 되기를 바랍니다.

## 예화 나눔 순결하고 진실한 삶

로마가 기독교 국가가 되기까지의 역사를 보면, 그 당시 기독교 인구는 로마 인구의 5~8% 정도로 분포되어 있었다고 추정하고 있습니다.

로마는 호화찬란했고 물질이 풍부해서 부자로 살았습니다. 또한 노예도 많았습니다. 그런데 왕족과 귀족들이 아들과 딸을 결혼시키려고 하는데 타락한 시대인지라 순결하고 깨끗한 며느리와 사윗감을 찾기가 쉽지 않았습니다.

그래서 순결하고 깨끗한 며느릿감과 사윗감을 찾던 중 놀랍게도 로마인들에게 박해를 받으며 사자의 밥이 되도록 내던져지고 끓는 가마에 던져져 죽어 가며 업신여김을 받던 그리스도인들의 딸들이 순결하고 깨끗하다는 것을 알게 되었습니다. 그들은 몸만 순결한 것이 아니라 부모님을 공경하고 마음도 깨끗했습니다.

결국 로마의 황제와 귀족들은 그리스도인들의 자녀들을 강제적으로 데려가 며느리와 사위로 삼았습니다. 그들은 결혼을 하고 아이를 임신하면서도 "내 남편과 시부모님은 그리스도인이 아니지만 이 아이는 그리스도인이 되게 하여 주시옵소서"라고 기도했습니다.

그토록 멸시받고 박해받는 로마의 그리스도인들의 자녀들이 신앙인으로 성장한 이후에 권력을 얻고 높은 자리에 오르면서 지배계층 안에 기독교적인 권력 구조가 기반을 이루면서 AD 313년 로마 콘스탄티누스 황제도 기독교인이 되어 기독교를 국교로 공인하게 된 것입니다.

여기에는 다른 여러 가지 요소도 있겠지만 그토록 멸시 받고 박해 받으면서도 신앙을 버리지 않는 뜨거운 믿음이 박해자들의 가슴을 녹였고, 그들의 순결하고 진실한 삶의 모습이 거대한 로마를 변화시켰던 것입니다.

우리도 이 시대에 하나님 앞에 진실하고 순결한 주의 신부로 살아가기를 소망합니다.

# 제팔은,

## 도둑질하지 말라

"도둑질하지 말라" (출 20:15).

# 창문 열기

　"도둑질하지 말라"는 말씀은 단순히 물건을 훔치는 차원으로만 생각할 수 있는데, 근본적으로는 사람의 생명을 훔치는 것을 말합니다. 이것은 한 사람의 인생뿐만 아니라 이 땅에서 행복하게 살아가도록 생명을 주시고 이끄시는 하나님의 질서를 파괴하는 일입니다. 더 나아가서 우리가 일하지 않고 불성실하게 살아가는 것 자체가 하나님의 계명을 어기는 것이고, 자기 인생과 이웃의 것을 도둑질하는 것이 됨을 알아야 합니다.

　우리는 땀을 사랑하고 땀 흘려 일한 수고로 열매를 먹고 살아가는 것이 하나님의 창조질서 안에 살아가는 것임을 기억해야 합니다. 특별히 우리는 하나님의 것은 하나님의 것이 되게 하고, 이웃의 것은 이웃의 것이 되도록 하는 것이 도둑질하지 않는 것임을 마음에 새겨야 합니다. 오늘 내가 수고한 성실의 열매를 먹으며 살아가리라는 결단과 의지를 가지고 살아가기를 소망합니다.

## 도둑질은 범죄 행위

제8계명은 "도둑질하지 말라"고 금지하고 있습니다. 히브리어 '티그노브'라는 단어를 쓰고 있는데 원형은 '가나브'(ganab)로 '몰래 가져가다, 속이다, 몰래 훔치는 절도'의 측면으로 강한 의미를 지니고 있습니다. 이것은 근본적으로 인간의 생명에 대한 도둑질을 금하고 있는 의미로 볼 수 있습니다.

> "사람을 납치한 자가 그 사람을 팔았든지 자기 수하에 두었든지 그를 반드시 죽일지니라" (출 21:16).
>
> "사람이 자기 형제 곧 이스라엘 자손 중 한 사람을 유인하여 종으로 삼거나 판 것이 발견되면 그 유인한 자를 죽일지니 이같이 하여 너희 중에서 악을 제할지니라"(신 24:7).

이 말씀들은 다른 사람의 생명을 유괴한 자나 인신매매자는 자기의 생명으로 대신하도록 사형에 처할 정도의 중한 범죄자라고 말씀하고 있는 것입니다. 그 당시만 해도 사람을 노예로 파는 분위기가 정착되어 있는 사회 관습 속에서도 노예는 가장 값진 재산으로 여겨졌기 때문입니다. 이러한 일들은 사람으로부터 자유를 빼앗는 행위로 사형판결의 무거운 벌을 받게 되었던 것입니다.

지금도 이와 유사한 범죄는 끊이지 않고 있습니다. 2014년 한 해 동안 19세 미만 어린이와 청소년 실종 건수가 2만 1천여 건이나 됩니다. 이뿐만 아니라 2014년 여성가족부 자료를 보면, 청소년 10명 중 4명은 가출 충동을 느끼고, 이들 중 1명은 가출을 경험한 것으로 나타나 있습니다. 여성가족부에 따르면, 연간 가출 청소년이 22만 명에 이르는 것으로 추정되고, 이 가운데 경찰에 신고되는 가출 건수는 약 2만 9천 건이며, 신고조차 되지 않은 가출 청소년 19만 명이 길거리에서 떠돌아다니며 범죄에 노출되어 있다고 합니다.

특히 생계가 막막해 성을 파는 10대 여성 청소년, 또 그 성을 사는 성인 남성, 그리고 이들을 연결해 돈을 버는 성매매 조직과 모텔 업주까지 청소년을 착취하는 성매매 시장이 있다고 합니다. 자녀가 납치되거나 실종된 부모님들은 일생을 자녀를 찾는 일로 모든 재산을 탕진할 뿐만 아니라 가정까지 파탄되고 마는 경우가 허다합니다. 또한 여성들을 납치해서 매춘을 강요하는 일에 묵인하며 동조하는 공무원들도 있습니다. 모두 다 범죄자들입니다.

우리는 이러한 잘못된 환경이 조성되지 않도록 힘써야 합니다. 다른 사람의 생명을 위협하고 자유를 박탈하는 것이 바로 생명을 도둑질하는 것입니다. 하나님의 계명 앞에 절대로 있을 수 없는 일입니다.

더 나아가서 '가나브'(ganab)라는 뜻에는 생명을 도둑질하는 의미와 함께 성경 전체를 포괄적으로 볼 때 정상적이지 않은 방법으로 이익을 추구하는 바르지 못한 모든 행위가 도둑질에 속함을 말씀하고 있습니다.

그래서 도둑질의 대상이 생명과 다르게 짐승이나 물질의 경우에는 배상법이 적용되었습니다. 예를 들어 소나 양 같은 짐승을 훔친 그대로 가지고 있을 때에는 본래 주인에게 되돌려주고 갑절로 배상하도록 했고, 만약에 훔친 짐승을 죽여 없애 버린 경우에는 소는 5배, 양은 4배로 배상하도록 규정했습니다. 이유는 소가 없어서 발생하는 노동력의 손실이 양보다 훨씬 크기 때문이었습니다.

이와 같이 도둑질에 대한 구약의 규정은 물건이나 짐승을 도둑질하는 경우에는 배상법만을 적용했으나 사람을 유괴한 자나 인신매매자는 사형에 처하도록 규정하고 있습니다. 이것은 사람은 하나님의 형상으로 지음을 받은 존재로, 그 생명의 가치가 근본적으로 다르다는 것을 말해 주고 있는 것입니다.

## 불로소득의 행위가 도둑질

### 수고한 열매를 먹으라

우리가 말하는 도둑질은 다른 사람이 이루어 놓은 노력의 열매를 훔치는 것을 말합니다. 그러나 도둑질은 단순히 재산만 훔친 것이 아니라 그 사람이 재산을 형성하기 위해서 노력한 시간과 노력과 땀을 다 훔치는 것이기에 도둑질은 범죄행위가 되는 것입니다.

도둑질은 그 사람이 재산을 형성하면서 얻은 기쁨과 보람까지도 훔치는 것이 됩니다. 더 나아가서는 그 사람이 피와 땀으로 모아 이루고자 계획한 꿈과 희망도 빼앗아 버리는 것입니다. 즉, 도둑질은 누군가 땀 흘려 이루어 놓은 결과를 빼앗아 가는 것이므로 하나님의 창조질서를 깨뜨리는 행위가 됩니다.

창세기 2장 3절을 보면, "하나님이 그 일곱째 날을 복되게 하사 거룩하게 하셨으니 이는 하나님이 그 창조하시며 만드시던 모든 일을 마치시고 그날에 안식하셨음이니라"고 말씀하고 있습니다. 즉, 일이란 하나님의 창조질서에 속한 것입니다. 하나님께서 일하셨고 그 일을 통하여 모든 창조가 이루어진 것입니다. 그러므로 우리 인간도 땀 흘려 일한 수고로 생활을 영위하며 살아가는 것이 바로 하나님의 창조질서 안에서 살아가는 것입니다.

창세기 2장 15절에 "여호와 하나님이 그 사람을 이끌어 에덴 동산에 두어 그것을 경작하며 지키게 하시고"라고 했는데, 여기서 '경작하며'라는 말은 일한다는 말입니다. 에덴 동산은 일할 것도 없고 놀고먹는 곳이라고 생각하는 사람도 있는데, 에덴동산은 그런 곳이 아닙니다. 에덴 동산은 경작하며 사는 일하는 곳이었습니다. 그러므로 사람은 열심히 삶의 터전을 이루어 가며 일의 열매를 얻어 살아가는 것이 하나님이 창조하신 질서라는 것을 기억해야 합니다.

　우리가 일을 하지 않고 불로소득하거나 남의 것을 도둑질하는 것은 하나님의 창조질서를 파괴하는 것입니다. 심지 않고 거두려고 하고, 적게 심고 많이 거두려는 것은 불의한 마음이고 잘못된 것입니다.

　예수님께서도 요한복음 5장 17절에서 "예수께서 그들에게 이르시되 내 아버지께서 이제까지 일하시니 나도 일한다"라고 말씀하셨습니다. 사도 바울도 데살로니가후서 3장 10절에서 "우리가 너희와 함께 있을 때에도 너희에게 명하기를 누구든지 일하기 싫어하거든 먹지도 말게 하라 하였더니"라고 했습니다.

　내 삶의 터전에서 땀 흘려 열심히 일하는 것이 하나님의 창조질서에 순응하는 것임을 기억하고 살아야 합니다.

### 도박과 복권의 문제

세상에는 단 한 번의 대박을 꿈꾸며 복권, 경마, 경륜, 경정, 카지노 등 사행성 도박에 빠져 중독성을 가지고 살아가는 사람들이 많습니다. 이들 모두 행복을 꿈꾸지만 허황된 악마의 꿈으로 망치게 되는 경우가 허다합니다. 도박으로 인하여 도박자는 물론이고 가족 모두가 고통 속에서 살아가게 됩니다.

도박자들에게는 미래가 없습니다. 심리학 용어에 '도박자의 오류'라는 용어가 있습니다. 이는 돈을 잃고 안 될수록 성공할 때가 왔다고 확신하는 이상 심리를 말합니다. 도박자의 오류에 빠져든 사람들은 통제의 착각에 빠져서 예측 불가능한 결과에 자신의 예지력이 반드시 맞아서 돈을 딸 수 있다는 신념으로 파멸할 때까지 가는 것입니다.

그래서 도박에 한번 빠져들면 이러한 늪에서 빠져나오기가 어렵습니다. 마약, 알코올 남용과 마찬가지로 도박은 직업을 잃게 하고, 가족의 생계와 부양을 무시하게 하고, 가정 안에 갈등과 폭력으로 가정의 해체를 일으킵니다. 그러므로 도박은 작게는 개인으로부터 크게는 나라를 망하게 하는 첩경이 됩니다.

우리나라에서는 2002년 12월 2일부터 로또(lotto) 복권 발행이 시작되었습니다. 기획재정부 복권위원회의 2014년 통계에 따르면 로또 판매액은 3조 996억 원으로 1인당 6만 1,200원꼴의 로또를 구입한 것과 같다고 합니다. 소위 '로또'라는 복권 열풍에 빠져 있는 사람들이 너무나 많습니다. 로또는 이태리어로 행운(lucky)이라는 뜻입니다. '한 번 행운을 잡자'라는 것입니다. 로또 복권을 사는 그 순간부터 자신의 것이 일등인 줄 아는데 이것은 착각입니다. 일등이라고 생각하고 그 많은 돈을 어디에 쓸까 잠을 못 자는 사람들이 있습니다. 그런 사람들은 혹시 당첨될지도 모른다는 요행을 꿈꾸며 높은 기대를 가지고 살아갑니다. 그러나 당첨될 가능성은 814만 분의 1이라고 합니다. 이것은 쌀 80kg 세 가마를 부어놓고 단 한 번에 쌀 한 톨을 찾는 것과 같습니다.

정부는 복권시장을 통해 저소득층, 장애인, 독거노인 등 소외계층을 위해 쓰이는 재정을 늘리고 규모를 키우겠다며, 복권의 목적을 공익에 기여하는 여가활동 내지는 오락수단으로 인식을 개선해 간다고 하는데, 이것은 문제가 있습니다.

오히려 건전한 기부문화 조성을 위한 다양한 정책들을 개선해 나가는 것이 중요하지, 이러한 사행산업을 통해서 서민 경제 지원이라는 가면으로 미화하고 포장해서는 안 됩니다. 이것은 국민들에게 사행심을 조장하고 한탕주의와 인생역전이라는 허황된 악마의 꿈을 꾸게 하는 나쁜 정책입니다. 국민들이 성실한 노력과 땀으로 건강한 꿈과 가정을 만들어 갈 수 있도록 선한 정책을 만들어야 합니다.

우리는 한탕주의와 인생역전이라는 허무한 꿈을 꾸어서는 안 됩니다. 일하지 않고 편하게 살려고 하는 마음 자체가 하나님의 창조질서를 어기는 것이고, 도둑질의 시작임을 알아야 합니다. 인생은 향락을 즐기는 도박장도 아니고, 놀이터도 아닙니다. 땀을 사랑하지 않고 땀 흘리기를 싫어하는 사람이 바로 자기 인생에 큰 죄를 짓는 도둑의 근성을 가지고 사는 사람입니다. 내가 일한 만큼이 나의 몫이고 나의 것입니다. 오늘 내가 내 자리에서 하는 일이 로또임을 알고 열심히 노력하며 살아야 합니다.

우리는 삶 속에서 행운이라는 하나의 네 잎 클로버를 찾기 위해서 수많은 행복이라는 세 잎 클로버를 짓밟고 살아가는 어리석은 사람이 되어서는 안 됩니다. 행운을 따라가는 사람이 되지 말고 오늘 내가 만나는 사람들과, 내가 하고 있는 일상적인 일들이 행복이란 세 잎 클로버임을 알고 인생의 책갈피에 하나씩 아름답게 꽂아 가야 합니다. 이러한 자세로 인생을 경영하는 사람이 하나님의 창조질서에 순응하며 사는 사람입니다.

## 하나님의 것을 도둑질하는 것

### 십일조는 하나님의 것

십일조에 대한 근본적인 배경은 세상의 모든 것이 하나님의 것이라는 신앙에서 출발합니다. 성경에 십일조에 대한 근거는 모세 이전부터 초대교회에 이르기까지 기록되어 있습니다. 아브라함이 조카 롯을 구하기 위해 출전하여 승리하고 돌아오니 하나님의 제사장인 멜기세덱이 나와서 영접합니다.

> "너희 대적을 네 손에 붙이신 지극히 높으신 하나님을 찬송할지로다 하매 아브람이 그 얻은 것에서 십분의 일을 멜기세덱에게 주었더라"(창 14:20).

아브라함이 멜기세덱에게 축복을 받고 그 보답으로 소득의 십분의 일을 멜기세덱에게 준 것은 제사장에게 드리는 예물인 동시에 하나님께 드리는 봉헌이었습니다. 이를 시작으로 아브라함의 자손은 대대로 하나님께 봉헌을 했고, 오늘날 십일조의 기원이 된 것입니다.

창세기 28장 21-22절을 보면 야곱은 "내가 평안히 아버지 집으로 돌아가게 하시오면 여호와께서 나의 하나님이 되실 것이요 내가 기둥으로 세운 이 돌이 하나님의 집이 될 것이요 하나님께서 내게 주신 모든 것에서 십분의 일을 내가 반드시 하나님께 드리겠나이다"라고 약속하고 있습니다. 이 말씀은 야곱이 형 에서에게 장자권을 사고 아버지 이삭에게 축복을 받아 도망가면서 하나님께서 자기를 번영하게 하시면 십일조를 드릴 것을 약속한 내용입니다.

이어서 십일조가 중요하게 율법으로 법제화하여 부여된 것은 모세 시대입니다. 모세는 레위기 27장 30절에서 "그리고 그 땅의 십분의 일 곧 그 땅의 곡식이나 나무의 열매는 그 십분의 일은 여호와의 것이니 여호와의 성물이라"고 하며 십일조의 의무를 규정했습니다.

또한 히스기야 왕도 제사장과 레위인들이 율법에 힘쓸 수 있도록 십일조를 드렸고, 포로 후기에는 예루살렘으로 귀환하면서 국가가 멸망한 것은 하나님의 말씀과 법을 지키지 않았음이라고 규정하고 십일조 생활을 온전히 행할 것을 서약했습니다.

말라기 3장 8-12절에서는, 십일조는 하나님을 경외하는 백성이라면 하나님이 모든 소유를 주셨기에 하나님께 행할 당연한 의무로 말하고 있습니다. 십일조와 봉헌물을 드리지 않는 것은 하나님의 것을 도둑질하는 것이라고 말씀하며, 온전한 십일조를 하나님께 드려 하나님의 집을 풍성하게 하고 하나님의 집으로 일하게 하라고 하였습니다.

이와 같이 구약에서 드렸던 십일조는 하나님께 드리는 성전 십일조와 사회적·경제적 약자를 위한 구제 십일조가 있었습니다. 그런데 우리가 기억해야 할 것은 신명기 26장 13절 말씀입니다.

> "내가 성물을 내 집에서 내어 레위인과 객과 고아와 과부에게 주기를 주께서 내게 명령하신 명령대로 하였사오니 내가 주의 명령을 범하지도 아니하였고 잊지도 아니하였나이다."

이 말씀은 성전에 드리는 십일조뿐만 아니라 가난한 자에게 나누어 주는 구제 십일조 역시 하나님께 드리는 것과 같다는 뜻입니다. 십일조는 하나님을 경외하는 성도의 마땅한 의무이고 형통한 삶의 열쇠라고 말할 수 있습니다.

하나님은 우리의 모든 수입 중 십분의 일은 하나님의 것이며, 그것을 하나님의 창고에 들이라고 말씀하고 계십니다. 엄밀히 말하면, 십일조는 헌금이 아닙니다. 그것은 내 것을 드리는 것이 아니라 하나님의 것을 구별한 것뿐이기 때문입니다. 십일조는 절대적으로 내 것이 아니라 하나님의 것입니다.

하나님은 우리들에게 정말 없어서는 안 되는 꼭 필요한 햇빛과 공기와 물 등을 공짜로 만들어 놓으셨습니다. 과연 어떤 과학자가 지구상에 햇빛을 만들고 공기 한 모금, 물 한 방울, 흙 한 줌을 만들 수 있겠습니까? 이 땅에 살아 있는 풀 한 포기도 하나님께서 햇빛과 비를 주시고 온도를 조절하셔서 생명이 있게 하고 자라게 하십니다. 우리 삶도 마찬가지입니다. 하나님의 은혜로 살아가고 있는 것입니다.

이 세상에서 내가 소유하고 있는 모든 것들은 엄밀히 말하면 내 것이 아닙니다. 내게 있는 재산도 내가 살아 있는 동안만 일시적으로 맡아서 사용하고 있을 뿐입니다. 나의 생명의 주인도 하나님이십니다. 십일조는 나의 생명과 내 모든 소유의 주인 되시는 하나님을 인정해 드리는 가장 기본적인 삶의 자세입니다.

그러므로 내가 가진 모든 것이 하나님께로부터 주어졌음을 감사하며, '오늘 나에게 있는 모든 것들도 주님이 필요하시다면 언제든지 드리겠습니다'라는 신앙고백이 있어야 합니다. 십일조를 드리지 않는 것은 하나님의 자리를 도둑질하여 내가 스스로 하나님으로 살아가는 것과 다를 바 없다고 할 수 있습니다.

### 봉헌은 기쁨과 감사의 고백

봉헌은 감사헌금과 일반헌금을 말합니다. 봉헌에 대해서는 출애굽기 25장 2절에서 "이스라엘 자손에게 명령하여 내게 예물을 가져오라 하고 기쁜 마음으로 내는 자가 내게 바치는 모든 것을 너희는 받을지니라"고 말씀하고 있습니다. '봉헌'이라는 단어 '트루마'는 하나님께 '즐거운 마음'으로 드려지는 것이어야 한다는 의미를 가지고 있습니다. 즉, 봉헌의 내용물을 말하는 것이 아니라 즐거운 마음으로 드려야 된다는 것입니다.

> "각각 그 마음에 정한 대로 할 것이요 인색함으로나 억지로 하지 말지니 하나님은 즐겨 내는 자를 사랑하시느니라"(고후 9:7).

즉 봉헌은 인색함이나 억지로 드려서는 안 됩니다. 하나님이 기뻐 받으시는 봉헌은 즐거운 마음이어야 합니다.

우리 안에 억지로 드리는 헌금이 있다면 그것은 사람들에게 보이려고 하는 마음이 깔려 있기 때문입니다. 이러한 헌금은 하나님이 기뻐하시지 않을 뿐만 아니라 복이 되지 않습니다. 사람에게 경건해 보이려고 하는 행위에는 하나님이 함께하시지 않습니다.

사도행전 5장 1-11절을 보면, 아나니아와 삽비라 부부가 땅을 팔아 그 돈에서 일부를 헌금으로 드리면서 마치 전부를 드리는 것처럼 거짓된 행동을 했습니다. 여기서 문제는 그들이 재산의 일부만 적게 헌금한 데 있는 것이 아니라 헌금을 하면서 실제 헌금보다 더 많이 한 것처럼 보이려고 했다는 것입니다. 그들은 당시 전 재산을 헌금하는 사람들이 많은 상황에서 땅값의 일부만 헌금한다면 다른 사람들보다 믿음이 적은 사람들처럼 보일까봐 사람들의 시선을 의식했을 것입니다. 아나니아와 삽비라가 하나님을 속이는 자세로 헌금을 하게 된 이유는 한마디로 사람들에게 잘 보이려고 했기 때문입니다.

우리도 마찬가지입니다. 신앙생활을 하면서 자기의 체면을 세우는 데 관심을 가지다 보면 아나니아와 삽비라처럼 하나님을 속이는 자세로 헌금할 위험성이 있습니다.

우리가 신앙생활을 하면서 거짓되게 하나님을 속이지 않고 복이 되는 헌금이 되게 하기 위해서 가장 중요한 것은 남의 눈을 의식하지 않고, 어느 헌금이든지 본인의 형편에 따라 즐거운 마음과 기쁨으로 드리는 것입니다. 현대를 살아가는 우리에게 물질은 제2의 생명과도 같습니다. 우리가 헌금을 드리는 것은 생명의 일부분을 드리는 것입니다. 하나님은 분명 주님께 삶을 맡기고 사는 우리의 인생을 행복하고 아름답게 연주하여 주실 것입니다.

십일조와 헌물로 드리는 돈뿐만 아니라 더 나아가 내 시간과 삶을 드려 봉사하는 것도 십일조라는 것을 기억해야 합니다. 우리는 바른 신앙생활을 하기 위해 몸부림쳐야 합니다. 사랑은 돈을 주고 살 수 없지만 돈에다 사랑을 담아 줄 수는 있습니다. 하나님의 은혜와 사랑에 진실한 마음을 담을 수 있기를 바랍니다.

### 하나님의 영광을 도둑질

우리가 하나님의 것을 도둑질하는 것에 대해서 앞의 내용들과 함께 정리하면 세 가지로 이야기할 수 있습니다.

첫째는, 주일을 주님의 날로 기억하지 않고 자기 자신의 욕심과 탐욕을 위해서 쓰는 것입니다. 하나님의 자녀 된 우리가 주일에 주님을 높이고 주님께서 주신 은혜에 감사하며 거룩한 의무를 행하는 것은 당연한 것입니다. 주일을 거룩하게 지키는 것은 신앙인에게 은혜의 표지이기 때문에 중요합니다. 특별히 일주일의 중심은 주일이고, 주일의 중심은 예배임을 기억하고 하나님과 만남의 시간을 가지는 것이 내 삶의 최우선이 되어야 합니다. 그렇지 않고 주일을 범하는 것은 하나님의 시간을 도둑질하는 것입니다.

둘째는, 십일조입니다. 하나님은 우리의 모든 수입 중 십분의 일은 하나님의 것이라고 말씀하시며, 하나님의 창고에 들이라고 말씀하셨습니다. 십일조를 드리지 않는 것은 하나님의 창고를 도둑질하는 것과 같습니다. 성경은 우리에게 주어진 모든 물질과 생명은 내 것이 아니고 하나님의 것이라고 규정하고 있습니다. 십일조는 주님의 것으로 구별해서 드려야 합니다. 구별하지 않는 것은 하나님의 것을 도둑질하는 것입니다.

셋째는, 하나님의 영광을 도둑질하는 것입니다. 다윗은 시편 115편 1절에서 "여호와여 영광을 우리에게 돌리지 마옵소서 우리에게 돌리지 마옵소서 오직 주는 인자하시고 진실하시므로 주의 이름에만 영광을 돌리소서"라고 간절히 기도했습니다. 우리의 인생은 하나님께 영광 돌리는 것이 최우선의 목적입니다. 이 땅에서 영광을 받으실 분은 오직 하나님 한 분이신데, 우리가 영광을 받는 것은 내 삶의 주인 되시는 하나님을 가증히 여기는 무서운 죄라고 할 수 있습니다. 고린도전서 10장 31절에 "그런즉 너희가 먹든지 마시든지 무엇을 하든지 다 하나님의 영광을 위하여 하라"고 했습니다. 이 말씀은 모든 것이 하나님의 은혜로 된다고 믿고 감사하며 하나님께 그 공을 돌리라는 말씀입니다.

그런데도 특히 교회의 목회자들이 하나님의 영광을 받는 일들이 많고, 설교할 때나 간증할 때도 자신을 높이고 영광의 박수를 받는 경우가 있습니다. 우리는 하나님의 영광을 도둑질하지 말아야 합니다. 내가 지금까지 이루어 온 것들은 엄밀히 말하면 하나님이 힘을 주셔서 한 것입니다. 우리는 나의 작은 성취에 자아도취되거나 나의 작은 수고에 자만하지 말고 그 일을 하게 하신 하나님께 영광을 돌리며, 그 영광 앞에 겸손히 무릎을 꿇어 엎드리며 항상 하나님의 영광 앞에 서야 합니다.

우리가 하나님 앞에서 자기의 영광을 구하고 받는 것은 하나님의 영광을 대적하는 것이 됩니다. 하나님은 하나님께 속한 것을 지키시고 보호하십니다. 우리는 오직 하나님만이 목적이 되는 삶을 살아야 하고, 하나님은 그러한 사람을 세우신다는 것을 알아야 합니다.

교회 봉사와 섬김뿐만 아니라 삶 속에서 '이 모든 것은 하나님의 은혜입니다', '하나님이 하셨습니다', '이 일에 영광 받으실 분은 오직 하나님 한 분뿐이십니다'라는 진실한 믿음의 고백이 호흡이 되어야 하고, 생명을 살리는 음식이 되어야 합니다. 하나님의 영광을 도둑질하지 않도록 항상 조심해야 합니다.

## 이웃의 것을 도둑질하는 것

성경에는 이웃과의 관계 속에서 다양한 종류의 도둑질에 대해서 말씀하고 있습니다. 이 내용들은 오늘을 사는 우리들에게 책임과 의무를 가지고 살아가게 하시는 하나님의 명령임을 기억해야 합니다.

우리가 살아가면서 생활에서 일어나고 있는 도둑질에 대해서 몇 가지를 말씀 속에서 찾아보면 다음과 같습니다.

### 뇌물을 받는 것은 도둑질

부당한 뇌물을 받는 것은 도둑질입니다. 출애굽기 23장 8절에 "너는 뇌물을 받지 말라 뇌물은 밝은 자의 눈을 어둡게 하고 의로운 자의 말을 굽게 하느니라"고 했습니다. 여기에서 말하고 있는 뇌물은 공적인 책임이 있는 사람을 매수하여 법을 어기고 자기를 이롭게 해달라고 주는 돈이나 물건을 말합니다. 뇌물은 대가성이 있는 것으로 부정청탁이나 금품수수의 문제 등 공동체의 질서를 파괴하는 것입니다.

반대로 대가성이 없는 것이 선물입니다. 뇌물은 냉정한 계산에 기초한 것이지만 선물은 순수한 마음으로 친분과 존경에 대한 고마움을 표시하는 것일 뿐 어떤 숨은 의도가 들어 있지 않은 인간적이고 정신적인 의미로 볼 수 있습니다. 그러나 직접적이든 암묵적이든 대가가 뒤따른다면 선물은 뇌물이 됩니다.

뇌물은 내가 가지고 있는 보이지 않는 권력과 지위를 이용하거나 영향력을 끼쳐 일하지 않고 부를 획득하려고 하는 도둑질입니다. 현행법으로도 뇌물을 받은 사실이 드러나면 그 액수만큼 추징을 당하고 실형을 받아 징역을 살게 됩니다.

### 부정직한 상거래는 도둑질

부정직한 상거래도 도둑질입니다. 레위기 19장 35-36절 말씀을 보면 "너희는 재판할 때나 길이나 무게나 양을 잴 때 불의를 행하지 말고 공평한 저울과 공평한 추와 공평한 에바와 공평한 힌을 사용하라"고 말씀하고 있습니다. 무슨 사건에 대해서 재판을 할 때에도 거짓된 거래가 있어서는 안 되고, 서로 간에 물건을 거래할 때에도 정확한 기준으로 명확하게 해야 된다고 말씀하고 있습니다.

물건을 파는 사람도 부정직한 값에 팔고, 사는 사람도 파는 사람을 못 믿고 깎아야 제 가격에 산 것 같은 거래로 서로를 믿지 못하는 불신하는 사회는 좋은 사회가 아닙니다.

### 고리대금은 도둑질

돈을 빌려 주고 고리대금업을 하는 것은 도둑질입니다. 출애굽기 22장 25절에서 "네가 만일 너와 함께한 내 백성 중에서 가난한 자에게 돈을 꾸어 주면 너는 그에게 채권자같이 하지 말며 이자를 받지 말 것이며"라고 했습니다. 이 말씀의 핵심은 돈을 빌려 온 것이 빚으로 그대로 남아 있는데 거기에다 이자를 붙이면 엄청나게 빚이 불어나 더 이상 살아갈 수가 없기 때문에 가난한 자에게 돈을 빌려 주었을 경우 이자를 받지 말라는 것입니다.

더 나아가서 우리는 곤궁하고 궁핍한 이웃을 향하여 손을 펴고 살아야 합니다. 신명기 15장 7-8절에서는 "네 하나님 여호와께서 네게 주신 땅 어느 성읍에서든지 가난한 형제가 너와 함께 거주하거든 그 가난한 형제에게 네 마음을 완악하게 하지 말며 네 손을 움켜 쥐지 말고 반드시 네 손을 그에게 펴서 그에게 필요한 대로 쓸 것을 넉넉히 꾸어 주라"고 했습니다.

### 남의 것을 갚지 않는 것은 도둑질

돈이나 물건을 빌리고 난 후에 갚지 않는 것은 도둑질입니다. 다른 사람에게 빌린 것은 어떠한 경우에도 내 것이 될 수 없습니다. 다른 사람의 것을 내 마음대로 쓰고 갚지 않는 것은 그 사람의 땀과 눈물을 훔치는 것일 뿐만 아니라 그 사람에게 주신 하나님의 복까지 도둑질하는 것입니다. 남의 돈을 빌렸다면 반드시 갚아야 합니다.

부도가 났다고 그냥 끝나면 안 됩니다. 빌려 준 돈도 누군가의 피눈물입니다. 반드시 갚아야 합니다. 은행에서 빌린 돈이나 나라의 돈도 반드시 갚아야 합니다. 사업을 잘못해서 부도가 날 수 있습니다. 그러나 부도 나면 그만이라는 생각을 가져서는 안 됩니다. 나라의 돈을 내 돈같이 생각하면 안 됩니다. 회사 돈도 잘 써야 됩니다. 그게 내 돈이 아닙니다. 사람이 하는 모든 것을 하나님께서 보시는 것입니다. 공공장소에서 사용하는 물품이나 사용하는 모든 것들을 아끼지 않고 내 맘대로 쓰는 것도 국민의 혈세를 도둑질하는 것입니다.

더 나아가서 내가 고용인이라면 함께 일하고 있는 동역자와 근로자의 삯을 떼어먹는 것은 그 사람의 시간과 노력을 훔치는 것이고, 생명과 보람까지도 도둑질하는 것이 됩니다.

제8계명은 "도둑질하지 말라"는 말씀입니다. 우리가 하나님과 사람들 앞에서 도둑질하지 않고 하나님의 말씀 따라 살아가기 위해서 어떠한 삶의 자세가 필요한지 알아야 합니다.

> "악을 행하는 자들 때문에 불평하지 말며 불의를 행하는 자들을 시기하지 말지어다 그들은 풀과 같이 속히 베임을 당할 것이며 푸른 채소같이 쇠잔할 것임이로다 여호와를 의뢰하고 선을 행하라 땅에 머무는 동안 그의 성실을 먹을거리로 삼을지어다"(시 37:1-3).

이 말씀처럼 우리가 살아가는 세상은 불의를 행하는 자들 때문에 힘들고 어려움이 있습니다. 그러나 하나님은 우리에게 불의하고 악한 세상에 살아간다 해도 어떻게 살아야 하는지를 말씀하고 있습니다.

첫째, 여호와를 의뢰하고 살아가야 합니다. 하나님은 천지만물을 창조하시고 인류 역사와 우리의 생사화복을 주관하시는 분이십니다. 시편 37편 5절에 "네 길을 여호와께 맡기라 그를 의지하면 그가 이루시고"라고 말씀합니다. 우리는 우리의 앞날을 인도하실 좋으신 하나님께 맡기고 오늘 나의 발걸음을 옮겨야 합니다. 행복한 미래는 하나님이 예비해 주셨습니다.

하지만 우리는 나를 먹여 살리는 것이 돈이 아니라 살아 계시고 나를 사랑하시는 하나님이시라는 사실을 믿지 못하기 때문에 불성실하게 살아갑니다. 앞날에 대한 너무 지나친 염려가 오늘 우리로 하여금 불안하게 하고 불성실하게 합니다. 결국 욕심과 탐욕에 마음을 빼앗겨 살아가게 되는 것입니다.

우리가 하나님과의 영적인 관계를 잘 유지하면 하늘의 보고가 열리는 인생이 되게 하십니다. 하나님은 모든 능력을 다 가지고 계시는 전능자이시기에 우리를 먹이시고 입히시며 섬세하게 역사하시는 분이십니다. 하나님을 가까이하고 하나님을 잘 경외하면 내 인생이 메마른 사막일지라도 샘이 나게 하시고, 폭풍 가운데 강도 건너게 하시고, 쓰레기 더미에서도 아름다운 꽃이 피어나게 하십니다. 하나님께 전적으로 맡기고 사는 삶이 될 때 이 땅 가운데 풍성함을 누릴 수 있습니다.

둘째, 선을 행하며 살아야 합니다. 오늘 이 시대의 문제는 모두가 너무 이기적이어서 나 하나만 생각하고 살아가며 이웃을 생각하지 않는 데 있습니다. 하나님은 나 혼자 누리고 살아가라고 재물을 주시는 것이 아닙니다. 함께 나누며 더불어 살아가라고 주신 것임을 기억해야 합니다. 엄밀하게 말하면, 내가 가지고 있는 재물이 내 것이 아님을 알아야 합니다.

도둑질하지 말라는 말씀은 남의 물건에 손대지 말라는 데서 그치는 말씀이 아니라 자신의 소유를 나누며 살아가라는 도전의 말씀임을 기억해야 합니다. 나누는 삶이야말로 그리스도인으로서 최고의 가치 있는 삶의 모습이라 말할 수 있습니다. 누가복음 6장 38절에 "주라 그리하면 너희에게 줄 것이니 곧 후히 되어 누르고 흔들어 넘치도록 하여 너희에게 안겨 주리라"고 했습니다. 베풀고 대접하는 자가 되어야 하나님이 나에게도 하늘의 문을 열어 주시는 것입니다.

하나님은 우리에게 천지만물을 주시고, 우리를 사랑하셔서 독생자를 주시고, 날마다 우리에게 좋은 것을 주시는 분이십니다. 하나님은 우리의 삶에 부족함이 없도록 먹이시고 길러 주시는 목자가 되십니다.

우리가 하나님의 마음을 닮아서 주는 마음, 주는 사랑, 헌신하고 희생하고 봉사하고자 하는 삶을 살아야 복을 받는 것입니다. 이러한 나눔으로 사랑하는 삶을 살아갈 때 재물의 노예가 되지 않고, 도둑질의 유혹에서 자유로워지는 삶을 살아가게 될 것입니다.

셋째, 성실의 열매를 먹고 살아야 합니다. 오늘 우리가 살아가는 세상은 불의와 타협이 난무하는 세상이어서 성실하게 사는 것이 바보와 같이 보이고 미련하게 보일 수 있습니다. 그러나 우리가 악인의 형통을 부러워하지 않고 성실을 먹을거리로 삼고 잠잠히 참고 기다리는 가운데 살아가면 형통의 복을 누리는 은혜가 우리의 몫이 되게 하실 것입니다.

성실한 삶이 믿음의 삶이고 성실하지 않은 믿음은 믿음이 아닙니다. 성실한 길이 신앙인의 길입니다. 반대로 거짓된 믿음, 인간이 꾸민 잘못된 신앙은 하나님 앞에 인정을 받을 수 없습니다. 성실하게 살지 않는 것은 하나님 앞에 죄를 짓는 것이고, 자기 인생을 도둑질하는 것일 뿐만 아니라 다른 사람의 인생도 도둑질하는 것입니다.

사람들은 돈이 있어야 돈을 벌 수 있다고 말하면서 경제 논리를 펴는데, 인생을 길게 보면 성실하게 사는 사람에게 돈이 따라옵니다. 성실보다 더 큰 재산이 없고, 성실이 가장 큰 힘과 배경이라고 할 수 있습니다. 성실한 사람에게 지혜가 생기고 창의력이 만들어져서 모든 분야에 성공하고 잘되게 되어 있습니다.

우리는 악을 행하고 불의를 행하는 사람들 때문에 불평하고 시기할 필요가 없습니다. 오직 성실을 먹을거리로 삼고 살아야 내 소원대로 하나님이 이루어 주시고 하나님의 은혜가 임하게 됨을 믿고 살아가야 합니다.

## 예화 나눔 정직한 사람의 용기

어린 형제가 갑자기 부모를 잃었습니다. 그들은 시간이 지남에 따라 먹을 것이 없어 난감했습니다. 며칠을 굶다가 생각 끝에 이웃집의 양 한 마리를 훔쳐다가 잡아먹었습니다. 그러나 서툰 도둑질이라 그만 들키고 말았습니다.

양의 주인은 성품이 몹시 고약하여서 그 형제들을 가만두지 않았습니다. 강제로 끌어다가 그들의 이마에 양 도둑(sheep thief)이라는 단어의 첫 글자인 S와 T자를 형제의 이마에 낙인찍었습니다.

그 형은 이 사실이 너무 속상해서 다른 마을로 이사 갔는데, 그 마을 사람들도 이 사실을 알게 되어 도둑놈이라고 조롱을 받자 또 다시 다른 마을로 이사를 갔습니다. 하지만 그곳에서도 결국은 알게 되어 조롱을 받고 또 이사를 갔지만 되풀이되는 조롱과 비난에 전전긍긍하다가 분통이 터져서 죽고 말았습니다.

그러나 동생의 생각은 달랐습니다. 자기들이 양을 도둑질한 것은 사실이기에 양 도둑놈이라는 소리를 듣는 것은 당연하다고 생각했습니다. 그는 사실을 정직하게 받아들이고 그날그날을 성실하게 살아갔습니다. 그리고 나이가 들수록 훌륭한 덕을 많이 세워서 덕 있는 사람이 되었습니다.

그가 할아버지가 되었을 때 동네 어린아이들이 어른들에게 "저 할아버지 이마에 새겨진 'ST'는 무슨 뜻이에요?"라고 물었습니다. 그때 동네 어른들이 대답하기를 "아마도 성자(saint)의 약자로서 'ST'가 아니겠느냐?"라고 해석했다는 것입니다.

그는 양 도둑이라는 오명을 가졌었지만 그 후로 열심히 성실하게 정직하게 살아감으로 어느덧 많은 사람들에게 성자란 별명을 얻고 살았던 것입니다.
　잘못된 사실도 있는 그대로 받아들이고, 비난도 긍정적으로 받아들여서 하나님 앞에서 정직하게 살아갈 때 하나님은 그를 들어서 쓰십니다. 이 땅에서 정말 멋있는 사람, 이 시대에 가장 필요한 사람, 가장 본받고 싶은 사람, 다시 봐도 멋있는 사람은 정직한 사람입니다. 정직한 용기로 살아갑시다.

# 제구는,

네 이웃에 대하여
거짓 증거하지 말라

"네 이웃에 대하여 거짓 증거하지 말라" (출 20:16).

# 창문 열기

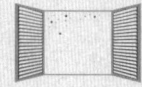

    제9계명을 주신 하나님의 계획과 뜻은 법정에 나가서 네 이웃에 대해서 거짓 증언하지 말라, 위증하지 말라는 단순한 의미가 아닙니다. 거짓 증거하지 말라는 말씀에는 우리가 살아가는 세상 속에 정직하고 진실한 사회와 나라를 만들어서 모두가 행복하게 살아가게 하시려는 뜻이 있습니다.
    우리는 거짓말을 쉽게 생각하는 경향이 있는데, 거짓말이 사회와 개인에게 주는 나쁜 영향력이 얼마나 심각한지 알아야 합니다. 거짓말은 사탄이 들어오는 길을 열어 주며, 하나님과의 관계를 깨뜨릴 뿐만 아니라 내 이웃의 인격과 영혼을 파괴합니다.
    우리는 거짓말로 누군가의 인격과 재산에 피해를 주고 억울함을 주어서는 안 됩니다. 비록 손해를 보더라도 하나님의 사람으로 진실을 말하는 힘을 가지고 살아감으로 이웃의 생명과 사회 정의를 살리는 사람이 되어야 합니다.

## 거짓말로 증언하지 말라

### "네 이웃에 대하여"

"네 이웃에 대하여"라는 말씀은 히브리어 원문에서 '베레아카'라는 단어를 쓰고 있는데, '이웃'이라는 뜻의 '레아'는 '먹다'라는 뜻이 있는 '라아'에서 유래된 단어로 '친구, 동료, 이웃' 등의 여러 가지 뜻으로 해석되어 있습니다. 그러나 본래 뜻이 '먹다'라는 의미를 가지고 있는 것을 보면 식탁에서 함께 음식을 나누는 가까운 사이를 말하는 단어라고 할 수 있습니다. 바로 내 이웃은 가까이에서 삶의 터전을 이루고 살아가는 사람이라고 할 수 있습니다. 즉, "이웃에 대하여 거짓 증거하지 말라"는 말씀은 가까이 있는 이웃에게 손해를 주려고 해악을 끼칠 만한 거짓 증언을 하지 말고 살라는 말씀으로 이해할 수 있습니다.

### "거짓 증거하지 말라"

'거짓'이란 단어는 '샤케르'인데 '허위, 미혹'이라는 뜻을 가지고 있습니다. 그리고 '증거'에 해당하는 단어 '에드'는 '증언하다'라는 뜻을 가진 '우드'에서 나온 말로 '반복해서 진술되는 증언'이라는 의미로 쓰이고 있습니다. 거짓 증거는 사실과 다르게 말하는 것입니다. 그러므로 거짓 증거라는 것은 법정과 같은 공적인 자리에서 진실을 떠나 사실을 허위나 과장, 축소, 왜곡, 변조, 속임, 모호한 입장으로 증언하는 거짓된 말과 행동 모두를 말합니다.

본인의 증언으로 자기에게 불이익이 될 것을 숨기기 위해, 또는 뇌물을 받아서 자기의 탐욕을 얻기 위해서 등 다양한 동기로 거짓 증거를 하게 됩니다. 이렇게 되면 법의 공정한 처벌을 받아야 할 사람이 무죄를 선고 받게 되고, 무죄한 사람이 오히려 억울한 피해를 입게 됩니다.

이것은 공의로우신 하나님을 조롱하는 악행이라고 할 수 있습니다. 그러기에 증인은 이웃의 인격과 재산에 상처를 주는 일이 없도록 해야 하고, 또한 누명을 쓰고 있는 이웃에게는 자신의 불이익을 감수하고라도 진실된 말과 행동을 할 수 있어야 합니다. 그리하여 "오직 정의를 물같이, 공의를 마르지 않는 강같이 흐르게 할지어다"(암 5:24)라는 말씀이 삶의 영역에서 이루어지도록 책임감과 사명을 가지고 살아가야 합니다.

# 성경의 거짓 증인

### 나봇의 포도원의 두 증인

"거짓 증거하지 말라"에 대한 내용을 자세하게 기록하고 있는 말씀이 열왕기상 21장에 나오는 아합 왕과 나봇의 포도원 사건입니다.

이스라엘이 남유다와 북이스라엘로 나누어진 뒤 북이스라엘의 7대 왕인 아합 왕 때의 이야기입니다. 아합 왕은 그 당시 지중해 교역으로 부를 누리는 시돈과 두로와 동맹을 맺고 정치적 안정과 부를 창출하기 위해 엣바알의 딸 이세벨과 정략결혼을 했습니다. 이방여인인 이세벨은 이방 신 바알을 이스라엘에 전파하는 데 열성적이었으며, 아합 왕과 이세벨은 경제적인 번영을 배경으로 궁전 외에도 경치가 좋은 여러 곳에 별장을 지었습니다.

이러한 궁전 가까운 곳에 조상 대대로 농사를 지으면서 살아온 나봇이라는 농부의 포도원이 있었습니다. 아합 왕은 궁전의 정원을 확장하기 위해서 그 포도원을 갖고 싶었기에 포도원 주인인 나봇을 불러서 포도원을 팔라고 요구했습니다. 그러나 아합 왕의 제안을 받은 나봇은 거절했습니다. 왜냐하면 조상으로부터 물려받은 땅은 율법상 매매할 수가 없었고 후손에게 대대로 계승하여 지켜야 하는 것이 전통이었기 때문입니다. 그 당시 왕도 율법의 권위 아래서 벗어날 수 없었기 때문에 마음대로 나봇의 정당한 권리를 빼앗을 수 없었습니다.

이를 지켜본 왕비 이세벨은 이스라엘의 제한된 왕권을 이해할 수 없었기에 무서운 계략을 꾸몄습니다. 그 지방에서 힘 있는 장로 두 명을 불러서 거짓 증인으로 세운 뒤 나봇이 하나님과 왕을 저주했다고 거짓 증거하게 만들었습니다. 결국 그 거짓 증거로 인하여 나봇은 돌에 맞아 죽임을 당했습니다.

구약의 율법은 합법적으로 하나님이나 왕을 저주하는 것을 엄격히 금지하고 있었는데 이세벨은 이를 이용해 나봇을 모함했고 누군가를 고소하려면 두세 증인을 세우라는 하나님의 법을 악용한 것입니다. 결국 이런 이유로 범죄자가 처형되었을 경우에는 그의 모든 재산이 왕실에 귀속될 수 있었기에 나봇의 포도원은 아합 왕의 소유로 넘어가게 된 것입니다. 이세벨의 무서운 음모로 매수된 거짓 증인 때문에 나봇은 재산을 빼앗기고, 생명까지 희생되었던 것입니다.

하나님은 거짓 증언에 따른 억울한 오판을 방지하고 증언이 효력을 갖도록 하기 위해서 반드시 두 명 이상의 증인의 증언을 들으라고 말씀하셨는데, 나봇의 비극은 하나님의 법을 오용해서 저지른 무서운 범죄였던 것입니다.

이러한 죄를 막기 위해서 하나님께서는 "거짓 증거하지 말라"는 계명을 주신 것입니다. 그리고 이와 반대로 거짓 증인이 판명

되면 "재판장은 자세히 조사하여 그 증인이 거짓 증거하여 그 형제를 거짓으로 모함한 것이 판명되면 그가 그의 형제에게 행하려고 꾀한 그대로 그에게 행하여 너희 중에서 악을 제하라 그리하면 그 남은 자들이 듣고 두려워하여 다시는 그런 악을 너희 중에서 행하지 아니하리라 네 눈이 긍휼히 여기지 말라 생명에는 생명으로, 눈에는 눈으로, 이에는 이로, 손에는 손으로, 발에는 발로이니라"(신 19:18-21)고 했습니다. 거짓 증언을 하면 그 벌을 받게 된다는 것입니다.

또한 스바냐 3장 13절에서 "이스라엘의 남은 자는 악을 행하지 아니하며 거짓을 말하지 아니하며 입에 거짓된 혀가 없으며 먹고 누울지라도 그들을 두렵게 할 자가 없으리라"고 한 것은 거짓을 행하고 거짓 증언을 하는 사람은 용서하지도 않으시고, 이스라엘의 남은 자로서 구원을 받을 수 없다는 말씀입니다.

### 예수님에 대한 거짓 증언

예수님을 십자가에 죽일 때도 구약의 증인제도는 유지되었습니다. 그 당시 대제사장들과 산헤드린 공의회가 치밀하게 사전에 계획한 대로 자행한 행위들을 보면, 그들은 거짓 증거를 찾아 예수님을 죽였습니다. 그들은 예수님을 사형시키기 위해서 예수님이 예루살렘 성전을 헐고 사흘 만에 다시 지을 수 있다는 말을 했다고 거짓 증언을 했습니다. 이러한 이유로 대제사장 가야바는 그 두 명의 증언으로도 예수님을 십자가에 처형시키기에 부족함이 없다고 여겼습니다.

> "대제사장들과 온 공회가 예수를 죽이려고 그를 칠 거짓 증거를 찾으매 거짓 증인이 많이 왔으나 얻지 못하더니 후에 두 사람이 와서 이르되 이 사람의 말이 내가 하나님의 성전을 헐고 사흘 동안에 지을 수 있다 하더라 하니"(마 26:59-61).

유대의 공회는 두 사람의 거짓 증언을 통하여 예수님을 십자가에 처형할 것을 결정하게 된 것입니다.

또한 예수님께서 부활하신 사실을 부인하게 하는 데도 거짓 증언이 있었습니다.

> "여자들이 갈 때 경비병 중 몇이 성에 들어가 모든 된 일을 대제사장들에게 알리니 그들이 장로들과 함께 모여 의논하고 군인들에게 돈을 많이 주며 이르되 너희는 말하기를 그의 제자들이 밤에 와서 우리가 잘 때에 그를 도둑질하여 갔다 하라 만일 이 말이 총독에게 들리면 우리가 권하여 너희로 근심하지 않게 하리라 하니 군인들이 돈을 받고 가르친 대로 하였으니 이 말이 오늘날까지 유대인 가운데 두루 퍼지니라"(마 28:11-15).

한마디로 돈에 매수되어 거짓 증언을 함으로 하나님 나라의 사역을 방해하게 된 것입니다.

거짓 증언은 사탄이 쓰는 가장 무서운 악랄한 계교라는 것을 인식해야 합니다. 우리는 거짓 증언은 물론이고 거짓말을 하는 자리에 서지 않도록 해야 합니다. 거짓 증언은 죄가 크고 작고의 문제가 아니라 하나님 앞에서 심각한 죄입니다.

## 사탄의 속임수, 거짓말

인류 역사상 최초의 거짓말은 창세기 3장 3-5절에 기록된, "동산 중앙에 있는 나무의 열매는 하나님의 말씀에 너희는 먹지도 말고 만지지도 말라 너희가 죽을까 하노라 하셨느니라 뱀이 여자에게 이르되 너희가 결코 죽지 아니하리라 너희가 그것을 먹는 날에는 너희 눈이 밝아져 하나님과 같이 되어 선악을 알 줄 하나님이 아심이니라"입니다. 이렇게 최초의 거짓말은 사탄이 아담과 하와에게 거짓말을 함으로 시작되었습니다.

사람 중에 처음으로 거짓말을 한 자는 가인입니다. 그는 자기의 동생 아벨을 놀로 쳐 죽인 뒤 하나님께서 아벨이 어디 있느냐"고 물으셨을 때 "알지 못한다"라고 거짓말을 했습니다.

또한 대표적인 예로 아브라함은 자기 목숨을 잃을까봐 애굽 왕 바로와 그랄 왕 아비멜렉에게 아내 사라를 누이라고 속이기도 했고, 이삭의 아들 야곱은 어머니 리브가와 짜고 교묘하게 아버지와 형을 속여 장자의 축복을 받았습니다. 야곱의 아들들도 동생 요셉을 애굽의 노예로 팔았으면서도 숫염소의 피를 요셉의 옷에 묻혀 짐승에게 물려 죽었다고 아버지 야곱에게 거짓말을 했습니다.

예수님은 요한복음 8장 44절에서 "너희는 너희 아비 마귀에게서 났으니 너희 아비의 욕심대로 너희도 행하고자 하느니라 그는 처음부터 살인한 자요 진리가 그 속에 없으므로 진리에 서지 못하고 거짓을 말할 때마다 제 것으로 말하나니 이는 그가 거짓말쟁이요 거짓의 아비가 되었음이라"고 말씀하셨습니다.

요한복음 13장 2절을 보면, "마귀가 벌써 시몬의 아들 가룟 유다의 마음에 예수를 팔려는 생각을 넣었더라"고 했습니다. 거짓은 사탄에게 속한 것이라는 말씀입니다.

사탄이 거짓의 아비입니다. 물론 모든 거짓말이 사탄의 역사라고 한다면 무리가 있을 수 있습니다. 그러나 인간의 마음속에 있는 부패되고 거짓된 성품이 거짓말을 유발시키는 것입니다. 이러한 죄의 근본적인 근원은 사탄이라고 할 수 있습니다.

우리는 거짓말을 단순히 누군가를 속이는 것으로만 생각해서는 안 됩니다. 거짓말은 근원적으로 사탄에게 속해 있으며 사탄의 한 형태라는 것을 알고 심각하게 생각해야 합니다. 성경적으로 거짓말은 사탄의 형상입니다. 우리가 하는 모든 거짓말의 배후에는 사탄이 있어 조종한다는 것을 알아야 됩니다.

그러므로 성경은 거짓말하는 자들에 대해서 엄중하게 경고합니다. 요한계시록 21장 8절에 "그러나 두려워하는 자들과 믿지 아니하는 자들과 흉악한 자들과 살인자들과 음행하는 자들과 점술가들과 우상숭배자들과 거짓말하는 모든 자들은 불과 유황으로 타는 못에 던져지리니 이것이 둘째 사망이라"고 말씀함과 같이, 거짓말하는 자들은 불과 유황으로 타는 못에 들어간다는 것입니다.

요한계시록 21장 27절에도 "무엇이든지 속된 것이나 가증한 일 또는 거짓말하는 자는 결코 그리로 들어가지 못하되 오직 어린 양의 생명책에 기록된 자들만 들어가리라"고 했습니다. 결국 거짓말하는 사람은 천국에 들어가지 못한다는 말씀입니다.

성경에서는 단 한 곳에서도 거짓말에 대해서 가볍게 경고하지 않습니다. 요한계시록 14장 4-5절에도 "하나님과 어린 양에게 속한 자들이니 그 입에 거짓말이 없고 흠이 없는 자들이더라"고 했습니다. 우리가 구원을 받는 것은 우리의 입에 거짓이 없고 흠이 없어서가 아니라, 구원받은 사람이기에 그 입에 거짓이 없고 흠이 없어야 된다는 말씀입니다. 잠언 12장 22절에서도 "거짓 입술은 여호와께 미움을 받아도 진실하게 행하는 자는 그의 기뻐하심을 받느니라"고 했습니다.

우리는 기억해야 합니다. 거짓이 에덴을 망하게 한 원인이 된 것입니다. 우리의 삶과 가정이 파괴되고, 직장과 나라가 무너지는 이유가 거짓말에 있음을 알아야 합니다. 아무리 작은 거짓말이라도 모든 사람을 죄인으로 만들어 가는 힘을 가지고 있습니다. 우리는 내 마음과 생각과 삶에서 입술을 통해 죄의 문으로 들어가는 거짓의 문을 완전히 닫아 버리고 거짓의 영을 물리칠 수 있어야 합니다. 우리가 거짓말을 할 때 하나님은 가슴 아파 탄식하시고 마귀는 회심의 미소를 짓는다는 것을 기억하며, 거짓의 옷을 완전히 벗어 버리고 살아갈 수 있기를 바랍니다.

## 거짓말의 유형

기독교 윤리학에서는 거짓말을 대체로 네 가지 유형으로 나누는데, 첫째는 악의적인 거짓말, 둘째는 유머를 목적으로 하는 거짓말, 셋째는 예의상의 거짓말, 넷째는 불가피한 거짓말입니다.

### 악의적인 거짓말

악의적인 거짓말은 상대방을 해하려고 하는 거짓말입니다. 현재 법정에서 증인은 심문에 앞서 "양심에 따라 숨기거나 보태지 아니하고 사실 그대로 말하며, 만일 거짓말을 하면 위증의 벌을 받기로 맹세합니다"라는 선서를 하게 됩니다. 이렇게 맹세를 하고 법정에서 증인이 거짓말을 하면 위증죄로 처벌을 받게 됩니다. 형법 152조 1항은 "법률에 의하여 선서한 증인이 허위의 진술을 한 때에는 5년 이하의 징역 또는 1천만 원 이하의 벌금에 처한다", 2항은 "형사사건 또는 징계사건에 관하여 피고인, 피의자 또는 징계혐의자를 모해할 목적으로 전항의 죄를 범한 때에는 10년 이하의 징역에 처한다"라고 되어 있습니다.

이와 같이 모해위증죄는 선서한 증인이 형사사건 또는 징계사건에 관하여 피고인, 피의자 또는 징계혐의자를 모해할 목적으로 허위 진술을 하는 것을 말하는데, 단순 위증죄보다 죄질이 나빠 10년 이하의 징역이라는 더 중한 형을 받게 됩니다. 위증죄는 말 그대로 사실관계를 왜곡하여 오판을 유발함으로써 범죄자의 처벌을 어렵게 만들 뿐만 아니라 동시에 억울한 피해자를 양산하고 국민들의 사법 불신을 증폭시키게 됩니다.

> "만일 누구든지 저주하는 소리를 듣고서도 증인이 되어 그가 본 것이나 알고 있는 것을 알리지 아니하면 그는 자기의 죄를 져야 할 것이요 그 허물이 그에게로 돌아갈 것이며"(레 5:1).

우리는 진실을 말하는 사람이 되어야 합니다. 또한 말을 해야 할 때 침묵하고 진실을 말하지 않는 것 또한 거짓 증거라는 사실을 알아야 합니다.

### 유머를 목적으로 하는 거짓말

현대를 살아가는 사람들에게 유머는 잠시나마 피로를 잊게 해 주고 삶의 에너지가 되는 원동력이라고 말할 수 있습니다. 또한 유머는 어색하고 난처한 분위를 부드럽게 함으로써 상대방의 마음을 열게 만듭니다. 상대방의 마음을 상하게 하고 상처를 주는 저급한 유머는 절대로 해서는 안 되지만, 말하는 사람과 듣는 사람 모두가 즐거움을 목적으로 하여 문제가 되지 않는다면 거짓말에 해당된다고 말하기 어렵습니다.

중요한 것은 장소와 때를 가려야 한다는 것이며, 그리고 절대로 상대방을 무시해서는 안 된다는 것입니다. 특별히 가벼운 표현이라도 품위를 잃지 않는 범위에서 상대방의 마음에 상처가 없도록 적절하게 절제하며 사용해야 할 것입니다.

그러나 나쁜 의도로 말한 유머가 아닐지라도 보이지 않게 상대방에게 아픔과 고통의 결과를 초래하게 했다면 제9계명인 "거짓 증언하지 말라"는 말씀과 관련이 없다고 말하기는 어려울 것입니다.

### 예의상의 거짓말

예의상 하는 거짓말은 보통 예의를 지키기 위해서 마음에 없는 말을 하는 것을 말합니다. 언제 같이 밥이나 한번 먹자, 다음에 연락할게, 정말 음식이 맛있습니다, 참 많이 예뻐졌다, 연세에 비해서 너무 젊어 보이세요, 두 분이 너무 잘 어울립니다, 지적이시네요 등. 우리는 실제 지키지도 않고 그렇게 느끼지도 않으면서 빈말로 쉽게 예의상 말을 하는 경우가 많습니다.

상대방 마음의 불편함을 없애 주는 적절한 표현의 예의적인 거짓말은 상대방을 즐겁게 해줄 뿐만 아니라 원활한 인간관계를 만들어 가는 데 도움이 될 수 있습니다.

이와는 반대의 경우로 예의적인 표현이 잘못된 방향으로 지나치면 위선적인 말과 행동으로 굳어질 수가 있습니다. 이 부분에서는 무엇보다 지나친 과장이나 아첨으로 일관되어서 당사자와 주변 사람들의 마음에 불편함을 주는 잘못된 거짓말이 될 수 있습니다.

미국의 사회심리학자 로버트 펠드먼 교수는 그의 책 《우리는 10분에 세 번 거짓말한다》에서 "사람들은 관계의 원활함, 소통의 부드러움, 목적 달성, 이익의 극대화, 위기 탈출 등의 이유로 착한 거짓말을 하게 된다"고 말했습니다. 그리고 이러한 착한 거짓말들은 인간관계에서 때로는 매끄러운 윤활유로 작용하기도 하지만, 이런 작은 착한 거짓말들이 모이면 어느덧 훨씬 크고 심각한 영향을 미칠 수 있는 환경이 만들어질 수도 있다고 경고했습니다. 즉 이러한 예의적이고 착한 거짓말들이 모여서 현대사회의 '거짓말의 문화'로 이어진다는 것입니다. 그것은 거짓말에 대한 면역력이 강화되어 이른 바 착한 거짓말의 한계가 확장된다는 뜻이기도 합니다.

처음에는 예의상 시작한 이야기지만 나중에는 빈말이 생활 습관이 되고, 습관화된 빈말이 결국에는 거짓말이 될 수 있다는 것을 염두에 두어야 합니다.

### 불가피한 거짓말

불가피한 상황에서 거짓말을 하는 부분에 대해 어떤 신학자는 "성경은 상황윤리를 거부하기에 선의의 거짓말도 분명히 거짓말"이라고 말합니다. 시편 101편 7절 "거짓을 행하는 자는 내 집 안에 거주하지 못하며 거짓말하는 자는 내 목전에 서지 못하리로다"라는 말씀을 근거로 기독교인은 불가피한 거짓말조차도 해서는 안 된다고 주장합니다. 그러나 이웃의 생명을 살리기 위해서 불가피한 거짓말을 하는 상황이라면 제9계명을 어기는 일이라고 할 수 없다고 봅니다.

예를 들어서 2차 세계대전 중에 네덜란드를 점령한 독일군은 은신해 있는 유대인들을 찾아 죽이기 위해서 수색을 하고 있었습니다. 이러한 상황 속에서 유대인을 숨겨 준 집 주인은 자기 집에는 유대인이 없다고 부인하며 독일군을 돌려보냄으로 많은 사람들의 생명을 건질 수 있었습니다. 여기서 집 주인이 진실을 말했다면 유대인들은 죽었을 것입니다. 그런데 거짓을 말함으로써 생명을 보호하게 된 것을 9계명을 어긴 것이며 죄를 지었다고 말할 수 없다는 것입니다.

즉, 9계명은 어떤 상황에서도 거짓말을 절대적으로 금지하는 명령으로 이해하기보다는 이웃을 해할 의도로 "거짓 증거하지 말라"는 의미로 해석되어야 합니다. 어찌 보면 이 경우에는 6계명인 살인하지 말라는 말씀을 지키기 위한 것이 될 수 있습니다.

성경에도 이러한 경우가 나옵니다.

> "애굽 왕이 히브리 산파 십브라라 하는 사람과 부아라 하는 사람에게 말하여 이르되 너희는 히브리 여인을 위하여 해산을 도울 때에 그 자리를 살펴서 아들이거든 그를 죽이고 딸이거든 살려두라 그러나 산파들이 하나님을 두려워하여 애굽 왕의 명령을 어기고 남자 아기들을 살린지라 애굽 왕이 산파를 불러 그들에게 이르되 너희가 어찌하여 이같이 남자 아기들을 살렸느냐 산파가 바로에게 대답하되 히브리 여인은 애굽 여인과 같지 아니하고 건장하여 산파가 그들에게 이르기 전에 해산하였더이다 하매 하나님이 그 산파들에게 은혜를 베푸시니 그 백성은 번성하고 매우 강해지니라"
> (출 1:15-20).

이것은 분명 거짓말인데도 하나님은 산파들에게 은혜를 베풀어 주셨습니다.

> "그 여인이 그 두 사람을 이미 숨긴지라 이르되 과연 그 사람들이 내게 왔었으나 그들이 어디에서 왔는지 나는 알지 못하였고 그 사람들이 어두워 성문을 닫을 때쯤 되어 나갔으니 어디로 갔는지 내가 알지 못하나 급히 따라가라 그리하면 그들을 따라잡으리라 하였으나 그가 이미 그들을 이끌고 지붕에 올라가서 그 지붕에 벌여 놓은 삼대에 숨겼더라 그 사람들은 요단 나루터까지 그들을 쫓아갔고 그들을 뒤쫓는 자들이 나가자 곧 성문을 닫았더라"
>
> (수 2:4-7).

만약 라합이 군사들에게 진실을 말해 주었다면 정탐꾼은 다른 길로 빠져나가지 못했을 것입니다.

우리는 이러한 상황을 생각해 볼 때 모든 종류의 거짓말이 9계명을 어긴 것이라고 말해서는 안 됩니다. 그 이유는 자신의 양심을 지키는 것보다는 이웃의 생명을 구하기 위한 행위가 더 먼저라고 볼 수 있기 때문입니다. 이웃의 생명을 구하는 상황적인 접근으로 본다면 불가피한 거짓말은 정당화될 수 있다고 말할 수 있습니다.

그러나 자기의 거짓을 합리화하기 위해서 이용하는 것은 명백히 금지되어야 합니다. 아무튼 우리는 삶 속에서 이웃의 안위와 생명을 위하여 불가피한 거짓말을 하지 않을 수 없는 한계상황이 있다는 사실을 유념해야 합니다. 무엇보다 일차적으로는 거짓말하지 않고 진실한 마음으로 살아가는 것이 가장 바른 신앙인의 규범임을 알아야 합니다.

우리는 기독교 윤리학에서 말하는 네 가지 유형을 살펴보면서 거짓말을 이야기하기 전에 나의 말에 이웃이 있어야 함을 잊어서는 안 됩니다. 9계명은 개인이 아니라 이웃의 사랑과 이웃의 권익을 위한 것이기 때문입니다.

결론적으로, 악의적인 거짓말은 있을 수 없는 일이고, 이웃이 배제된 거짓말 유머나 이웃이 없는 예의적인 거짓말이나 이웃이 없는 불가피한 거짓말은 절대로 안 된다는 사실을 기억해야 합니다. 만약 거짓 증거의 반대가 되는 진실을 말하고 증거하는 자리에 서 있다면 나의 말이 진실을 말함으로 하나님의 영광을 드러낼 수 있기를 바랍니다.

우리는 "거짓 증거하지 말라"는 하나님의 말씀을 받으면서 우리들의 일상생활 속에서 거짓의 반대인 참된 말을 통하여 하나님의 공의와 정의가 실현되는 사회가 되도록 해야

하고, 나의 말이 생명을 살리는 입술이 되도록 해야 합니다.

우리는 지금까지 수많은 말들을 해왔고, 지금도 말을 하며 살고 있고, 앞으로도 많은 말을 하며 살아가게 될 것입니다. 그렇다면 과연 내가 이 세상에 태어나 수없이 뿌려 놓은 말의 씨들이 어디서 어떻게 열매를 맺었고 맺어 가고 있는지 항상 생각해 볼 수 있어야 합니다. 그중에는 이웃을 향한 아름다운 말이 있는가 하면, 이웃의 가슴에 상처를 남긴 말도 많았을 것입니다.

특별히 우리는 세상의 그 어떤 말보다 진실을 말하는 입술이 되어야 합니다. 야고보서 3장 8절에 "혀는 능히 길들일 사람이 없나니 쉬지 아니하는 악이요 죽이는 독이 가득한 것이라"고 했습니다. 잠언 18장 21절에도 "죽고 사는 것이 혀의 힘에 달렸나니 혀를 쓰기 좋아하는 자는 혀의 열매를 먹으리라"고 했습니다. 이와 같이 우리는 가정과 직장뿐만 아니라 사회생활에서 항상 이웃에게 해함이 없는 진실하고 좋은 말을 내보내는 사람이 되어야 합니다.

우리가 하는 말은 나의 인격의 척도이고 나를 알려주는 수단이기에 말하기 전에 항상 점검해야 할 것이 있습니다. 그것은 내가 말하려는 것이 진실인지 묻는 것입니다. 그리고 내가 하는 말에 책임을 질 수 있는가를 생각해야 합니다. 또한 내가 하는 말이 이웃에게 덕이 되는가를 물어야 합니다. 그러나 아무리 덕이 되더라도 누군가에게 상처를 주고 마음을 아프게 하는 소리라면 하지 않아야 합니다.

> "이것으로 우리가 주 아버지를 찬송하고 또 이것으로 하나님의 형상대로 지음을 받은 사람을 저주하나니 한 입에서 찬송과 저주가 나오는도다 내 형제들아 이것이 마땅하지 아니하니라"(약 3:9-10).

사람의 말은 축복과 저주를 함께 가지고 있습니다. 히브리어로 '축복'은 '베라크'인데 '좋은 뜻의 말을 한다'라는 의미입니다. 즉, 하나님께 좋은 말을 하면 찬양이 되고, 사람에게 좋은 말을 하면 이것이 축복이 된다는 말씀입니다.

말에는 이와 같이 축복과 저주가 살아 있는 생명력이 있습니다. 우리가 하나님 앞에 예배드리고 찬송한 그 입으로 다른 사람을 해롭게 하고, 중상모략을 하고, 상처와 아픔을 주고, 저주하는 것은 있을 수 없는 일이라는 것을 알아야 합니다.

예수님께서는 제자들을 파송하시면서 어느 집에 가든지 부지런히 복을 빌고 비판도 저주도 하지 말라고 하셨습니다. 혹 맞아 죽는 한이 있더라도 저주하는 일이 있다면 제자가 아닙니다. 순교하더라도 말이 없어야 하고, 오히려 죽이는 자를 위하여 복을 빌어야 합니다.

잠언 20장 22절에도 "너는 악을 갚겠다 말하지 말고 여호와를 기다리라 그가 너를 구원하시리라"고 했습니다. 누군가에게 누명을 쓰고 억울한 일을 당해도 스스로 원수를 갚겠다고 하지 말라는 것입니다.

야고보서 3장 11절을 보면, "샘이 한 구멍으로 어찌 단 물과 쓴 물을 내겠느냐"라고 했습니다. 한 가지 말만 하라는 것입니다. 그런데 어쩌다가 무의식중에라도 좋지 않은 말이 나왔거든 그 원인이 내게 있음을 알고 진실을 찾아 회개하라고 하십니다.

우리가 하나님을 찬양하고 은혜 아래 사는 사람이라면 감사의 말을 하고 축복의 말만 할 수 있어야 합니다. 우리의 입에서 내 이웃을 죽이는 거짓말과 세상을 무너뜨리는 악하고 독한 말이 아니라 세상을 살리는 생명의 말을 흘려보낼 수 있어야 합니다. 상처받은 자를 위로하고, 낙심한 자를 격려하고, 절망 가운데 있는 자에게 소망을 주는 말을 해야 합니다. 우리 안에 계시는 성령을 통해 주시는 하나님의 생명의 말씀을 말해야 합니다.

우리는 거짓 증거하지 말라는 말씀 앞에 다시 한 번 내가 하는 말이 거짓말인지 진실의 말인지 확인해야 합니다. 그리하여 이 세상에 생명수가 차고 넘쳐 강을 이루고, 그로 말미암아 풍성한 생명의 열매들이 맺히는 그리스도의 아름다운 계절이 임하게 해야 합니다.

바라기는 오늘 내가 하는 말이 내 이웃의 뼛속 깊이 있는 상처를 아물게 하고 치료 되게 하는 생명의 향기가 가득한 말이 되어, 축복의 언어를 흘려보내는 입술로 쓰임 받기를 바랍니다.

### 예화 나눔 - 거짓된 삶이 아닌 진실된 삶

중국의 어느 시골에 한 농부가 있었습니다. 그는 게으른 사람이어서 농사짓기를 무척 싫어했습니다. 어떻게 하면 좀 편하게 먹고 살 길이 없을까 궁리하던 중 자신의 가까운 친척이 궁중 악대의 지휘자인 것을 알게 되었습니다. 그는 간절히 사정하여 피리를 부는 연주자로 궁중 악대에 들어갔습니다. 피리를 전혀 연주하지 못하지만 피리 연주가가 수십 명이나 되니 함께 앉아서 피리 부는 시늉만 했습니다. 여러 가지 대우도 좋고 호의호식하니 게으른 농부는 한동안 행복하게 잘살았습니다.

세월이 흘러 임금이 죽고 새로운 왕이 즉위했습니다. 새로운 임금은 음악을 좋아하는 사람이었습니다. 취임식 때 궁중 악대가 연주하는 음악을 듣고 감동을 받은 왕은 내일부터 한 명씩 왕의 침소에 와서 연주하라고 명령했습니다. 이럴 줄 알았으면 궁중 악대에 들어온 순간부터라도 연주하는 법을 배울걸, 후회했지만 때는 이미 늦었습니다. 이제 진실 앞에 직면할 순간이 다가왔습니다. 순번에 따라 연주자들이 한 명씩 왕궁으로 들어갔고, 그의 순서가 된 날 새벽 그는 목을 매어 죽었습니다.

진실치 못해도 세상에서 살아남을 수 있습니다. 진실치 못해도 대학에 가고 사업에 성공하기도 합니다. 그러나 진실치 못한 일은 반드시 대가를 치르게 된다는 것을 깨달아야 합니다.

우리가 교회에 다니면서 예배드리고 찬송하지만, 우리의 기도가 이 진실을 깨우는 것이 아니라면 그것은 하나님께서 받으시는 예배가 아닙니다.

  가장 먼저 하나님 앞에서부터 진실로 출발해야 합니다. 우리의 삶이 어렵고 힘들고 고통스러워도 하나님 앞에 진실하고자 하는 노력, 이것 하나만은 내려놓지 말아야 합니다. 그것을 붙들 때 삶의 문이 열리고, 모든 일들을 헤쳐 나가는 길이 열릴 것입니다. 우리 모두 거짓된 인생이 아닌 진실한 삶을 살아야 합니다.

  많은 사람들은 세상이 진실하지 못해서 살아가기가 힘들다고 말합니다. 그러나 우리는 믿을 수 없다고 말하지도 말고, 믿어 달라고 부탁을 하지도 말고, 조용히 말없이 진실을 심어 나가야 합니다. 이렇게 사는 사람이 멋있는 하나님의 사람입니다.

  우리가 진실을 말할 때 진실이 진실될 것입니다. 거짓된 세상에서 승리하고 이기기 위해서는 우리 그리스도인이 더 진실해져야 합니다.

# 제십은,

네 이웃의 집을 탐내지 말라

"네 이웃의 집을 탐내지 말라
네 이웃의 아내나 그의 남종이나
그의 여종이나 그의 소나 그의 나귀나
무릇 네 이웃의 소유를 탐내지 말라"(출 20:17).

# 창문 열기

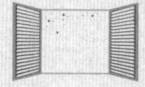

  우리가 살아가는 세상의 주변에서 일어나는 모든 사건과 사고들을 보면 대부분이 탐욕에 뿌리를 두고 있다는 것을 알 수 있습니다. 탐욕은 다른 사람의 것을 자기의 것으로 만들려고 하는 욕심, 즉 지나치게 탐하는 욕심을 말합니다.

  십계명 중에 1-4계명이 하나님과의 관계이고, 5-10계명은 인간관계에서의 윤리적 계명인데, 특별히 마지막 10계명의 탐욕은 마음가짐에 대한 계명입니다. 탐욕 자체로 형벌을 받은 사람은 없지만 모든 행동이 마음속에서 나오는 것임을 말씀하고 있습니다. 탐욕은 모든 죄악의 근원이 됩니다. 하나님께서 10계명을 주시는 것을 생각하면 하나님은 우리들의 마음의 생각과 감정까지도 다 아시고 감찰하시는 분이심을 알 수 있습니다. 우리는 10계명을 통해서 이웃이란 탐심의 대상이 아니라는 것을 명심하고, 우리의 마음을 잘 관리하고 지킬 수 있어야 합니다.

## 마음의 탐욕을 버러라

### "네 이웃의 집을 탐내지 말라"

제10계명은 "네 이웃의 집을 탐내지 말라"입니다. 여기에 '집'이라는 단어의 원어는 '베트'의 원형인 '바이트'로 '저택, 저장소'라는 건물로서의 뜻을 가지고 있습니다. 그 외에도 '가족'이나 '재산'을 포함한 의미를 함축하고 있는 단어입니다.

이러한 배경에서 보면 '네 이웃의 집'은 이웃이 가지고 있는 모든 소유물을 포함해서 가족들까지 가리킨다고 할 수 있습니다. 당시에도 집은 모든 재산의 함축적인 의미가 있었지만 한편으로 집은 사람의 가장 기본적인 인권의 개념으로 봐야 합니다.

그리고 '탐내다'에 해당하는 히브리어 '타흐모드'의 원형은 '하마드'라는 단어로 '바라다, 열망하다'라는 뜻이며, 유익을 얻기 위해 몹시 바라는 것을 말합니다. 즉, 탐욕에 사로잡힌 내적 행위나 외적행위까지 포함하는 단어입니다.

"네 이웃의 집을 탐내지 말라"는 것은 이웃의 집에 속해 있는 가족이라는 생명과 터전을 욕심내거나 취하려는 마음을 품지 말라는 말씀입니다. 그러한 탐욕이 지속되면 구체적인 범죄행위를 낳기 마련입니다.

십계명은 출애굽기 20장 1-17절과 신명기 5장 6-21절 두 곳에 기록되어 있습니다. 그런데 차이를 보면 제4계명에서 안식을 지키는 이유가 서로 상이하고, 제10계명에서 탐내지 말아야 할 대상이 조금 다르게 배열되어 있습니다. 출애굽기 20장 17절에는 "네 이웃의 집을 탐내지 말라 네 이웃의 아내나 그의 남종이나 그의 여종이나 그의 소나 그의 나귀나 무릇 네 이웃의 소유를 탐내지 말라"고 되어 있고, 신명기 5장 21절은 "네 이웃의 아내를 탐내지 말지니라 네 이웃의 집이나 그의 밭이나 그의 남종이나 그의 여종이나 그의 소나 그의 나귀나 네 이웃의 모든 소유를 탐내지 말지니라"고 기록되어 있습니다.

두 계명이 기록된 당시의 상황을 본다면, 출애굽기의 십계명은 애굽에서 종살이한 1세대에게 주신 말씀이고, 신명기의 십계명은 광야생활을 한 2세대에게 주어진 말씀으로 보면 됩니다. 신명기는 120세가 된 이스라엘의 지도자 모세의 고별설교입니다. 이것은 약속의 땅을 차지할 신세대를 향한 말씀입니다. 즉, 시내산에서 주어진 원래의 말씀을 새로운 세대에게 적용하고 확장시킨 말씀입니다. 즉, 10계명은 그 시기적으로 삶의 패턴이 바뀐 상황 속에서 적용된 말씀으로, 그 당시 여성들을 하나의 소유물로 여기며 첩으로 삼고 사고팔기도 했던 문화적 상황을 하나님께서 그냥 두지 않으셨던 것입니다.

신명기에서 말씀하시는 10계명을 신학적으로 보면 하나님께서 여성을 창조하실 때 남자와 동일하게 창조하시고 권위를 부여하셨음을 다시 한 번 깨닫게 하시는 말씀임을 알아야 됩니다. 신명기 10계명은 아내를 남자의 모든 소유물의 목록에서 제외시켰습니다. 아내는 남편과 상호 동등한 존재이므로 재산으로 보아서는 안 되기에 그처럼 구분하고 나서 네 이웃의 재산을 탐내지 말라고 하시는 것입니다.

## 탐욕은 모든 죄의 근원

 탐욕을 한마디로 말하자면 불의한 방법으로 다른 사람의 것을 내 것으로 만들려는 욕망이라고 할 수 있습니다. 탐욕은 정당한 방법으로 노력해서 얻는 것이 아니라 이기주의적인 소유욕으로 부정직하게 얻으려고 하는 욕심입니다. 누가복음 12장 15절은 "그들에게 이르시되 삼가 모든 탐심을 물리치라 사람의 생명이 그 소유의 넉넉한 데 있지 아니하니라"라고 했습니다.

 우리 안에 있는 탐욕의 영향력이 얼마나 큰 문제의 파장을 만들어 가는지 대표적으로 사무엘하 11장을 보면 자세하게 말씀하고 있습니다.

 어느 날, 다윗 왕이 침상에서 일어나 왕궁 옥상에서 거닐다가 목욕하는 우리아의 아내 밧세바를 보게 되었습니다. 순간 다윗의 마음에 탐욕의 씨앗이 자라나면서 다윗은 더 큰 죄를 짓는 악순환에 빠져들게 되었습니다. 다윗은 전령을 보내 욕망을 채우기 위해 밧세바를 데려오게 하고 동침하였습니다.

밧세바가 임신을 하자 이에 다급해진 다윗은 이 사실을 은폐하기 위해 전쟁터에 나가 있는 밧세바의 남편 우리아를 불러들였습니다. 그가 집으로 돌아와서 아내와 동침하게 되면 당연히 그의 아이로 여길 것이라고 생각했기 때문입니다. 그러나 명예와 의무를 소중히 여긴 우리아는 "부하들이 진을 치고 전쟁을 하고 있는데 어찌 내가 처와 같이 잠을 잘 수 있느냐"면서 거절했습니다. 심각한 상황에 봉착한 다윗은 결국 일을 꾸며 우리아를 맹렬한 싸움이 펼쳐지고 있는 최전방에 보내 목숨을 잃도록 만들었습니다.

다윗은 탐욕을 통해 간음을 저질렀고, 거짓말을 했고, 결국에는 살인을 저질렀습니다. 이와 같이 우리 마음에 탐욕이 자라서 행동으로 이어지고 살인, 간음, 도둑질, 거짓말 등 모든 계명을 어기게 되는 것입니다. 탐심은 마음에서 나오는 모든 죄악의 시작점이 됩니다. "욕심이 잉태한즉 죄를 낳고 죄가 장성한즉 사망을 낳느니라"(약 1:15)고 했습니다. 탐욕은 강력하고 미묘한 방법으로 우리를 사로잡아서 개인뿐만 아니라 내 이웃까지도 파괴시킴을 알고 삶의 모든 영역에서 철저하게 경계해야 합니다.

탐욕은 우리들의 신앙생활뿐만 아니라 내 영혼을 잠식시켜 가며 영적인 식욕을 마비시키는 사탄의 불의한 열매입니다. 결국 탐심은 하나님 나라에 들어갈 수 없도록 만듭니다. "너희도 정녕 이것을 알거니와 음행하는 자나 더러운 자나 탐하는 자 곧 우상 숭배자는 다 그리스도와 하나님의 나라에서 기업을 얻지 못하리니"(엡 5:5)라고 하였습니다. 탐욕은 하나님의 나라의 기업으로부터 멀어지게 하는 것입니다.

하나님 나라는 깨끗한 나라, 거룩한 나라입니다. 탐욕을 가진 사람들은 하나님 나라에 적응할 수가 없습니다. 하나님 나라의 시민인 우리는 탐욕을 버리는 삶을 배우며 살아가야 합니다. 남의 손에 있는 떡을 더 크게 보고 내 것으로 만들려고 바라보아서는 절대 안 됩니다.

유대 랍비들 사이에 전해지는 이야기입니다. 사람의 형상으로 나타난 한 천사가 광야를 지나가고 있는 두 나그네와 동행하게 되었습니다. 세 사람이 이야기를 나누면서 길을 가다가 헤어질 때가 되자 천사가 말했습니다. "오늘 이렇게 동행을 하게 되었는데, 두 분의 소원을 한 가지씩 들어주고 싶습니다. 그러니 소원을 말씀해 주세요. 그러나 소원을 들어주되 먼저 말한 사람의 소원을 들어주는 동시에, 나중 말한 사람에게는 먼저 말한 사람의 그것을 배로 주겠습니다."

그런데 이 두 사람 중 한 사람은 욕심쟁이고, 한 사람은 질투가 많은 사람이었습니다. 두 사람은 각각 고민에 빠졌습니다. 욕심 많은 사람은 '내가 먼저 말하면 저 친구는 가만히 앉아서 내 축복을 두 배나 갖게 되겠지. 그러니 내가 먼저 말할 수 없어'라고 생각하면서 입을 꽉 다물고 있었습니다. 질투심이 많은 자 또한 '내가 저 사람보다 못할 것이 없는데 내가 먼저 말을 하면 내가 받는 축복보다 저 사람이 더 많이 받게 되니 내가 말할 수 없지'라는 생각으로 입을 열지 않고 있었습니다.

시간이 흘러가는데도 아무런 말이 없자 천사는 재촉을 했습니다. "자, 지체할 수 없군요. 소원이 없으신 줄 알고 그냥 가겠습니다." 이때 욕심 많은 사람이 천사를 불러 세움과 동시에, 질투심 많은 자의 목을 조르면서 빨리 소원을 말하라고 윽박질렀습니다. 그러자 질투심 많은 자는 순간적으로 천사에게 소리쳤습니다. "저의 소원은 한쪽 눈이 보이지 않게 되는 것입니다." 그러자 바로 그는 한쪽 눈이 보이지 않게 되었고, 욕심쟁이는 두 눈을 잃고 말았습니다.

상대방이 자신이 말한 소원의 배의 축복을 받게 될 것이 싫어서 자신의 불행을 감수하면서까지 안 좋은 소원을 빌었던 어리석은 자처럼 욕심과 질투는 이와 같이 무서운 것입니다. 작은 욕심으로 인하여 사람의 목숨까지도 위협하는 세상입니다. 이 질투와 탐욕 때문에 나도 못살게 되고 남도 못살게 합니다.

사탄은 나도 안 되고 너도 안 되고, 서로가 싸움하게 하고, 질투하고 망하게 합니다. 그러나 '나는 죽고 너는 살고' 이것이 주님이 마음이고 주님이 걸어가신 길과 법칙입니다. 우리는 내 안에 있는 탐욕을 버리고 주님을 따르는 제자가 되어야 합니다.

하나님의 은혜를 사모하는 일에 더욱 기도하고 찬양하며, 이웃을 기쁘게 하고 사랑하는 일들에 거룩한 욕심을 가지고 살아가야 하늘의 기업을 누리는 자가 될 수 있습니다.

내 주위의 사람들이 내가 남의 것에 마음을 두지 않고 거룩한 자의 삶을 살아가기 위해 힘쓰는 것을 보고 그들도 그 거룩한 욕심을 좇아 예수님의 제자가 되고 싶다고 하는 고백을 들을 수 있어야 합니다.

## 자족하는 삶의 비결

자족이란 없는 것을 바라는 것이 아닙니다. 지금 나에게 있는 것을 소중하게 여기고 만족하는 마음가짐입니다. 끊임없이 채워져야 하는 것이 만족이라면, 하나님께서 이미 나에게 주신 것에 이제는 되었다고 여기는 것이 자족이라 할 수 있습니다. 우리가 자족하면 탐욕은 내 마음에 자리 잡을 수 없습니다.

빌립보서는 사도 바울이 로마 감옥에서 언제 죽을지 모르는, 목숨이 경각에 달린 어려운 상황에서 빌립보 교인들에게 보낸

서신서입니다. 이 편지를 통해 사도 바울은 우리에게 자족하는 삶을 살아가라고 말합니다.

> "내가 궁핍하므로 말하는 것이 아니니라 어떠한 형편에든지 나는 자족하기를 배웠노니 나는 비천에 처할 줄도 알고 풍부에 처할 줄도 알아 모든 일 곧 배부름과 배고픔과 풍부와 궁핍에도 처할 줄 아는 일체의 비결을 배웠노라"(빌 4:11-12).

그러나 사실 자족하며 살아간다는 것은 쉽지 않습니다. 우리 안에는 비교와 경쟁의식 속에서 내게 없는 것을 불평하고 원망하면서 다른 사람의 것을 탐내는 탐욕의 씨앗이 있습니다. 또한 바울처럼 곤경에 빠져 어려움을 겪을 수도 있습니다. 우리는 이러한 삶의 다양한 상황 속에서도 사도 바울에게서 자족할 수 있었던 비결을 배울 수 있어야 합니다.

그는 먼저 12절 말씀처럼 상황을 있는 그대로 받아들였습니다. 그리고 19절의 "나의 하나님이 그리스도 예수 안에서 영광 가운데 그 풍성한 대로 너희 모든 쓸 것을 채우시리라"는 말씀처럼 하나님이 필요한 모든 것을 채워 주실 것을 믿었습니다. 그는 주님의 절대 주권을 신뢰하며 모든 상황 안에서 오늘의 삶에 자족할 수 있었던 것입니다.

또한 다윗의 삶을 통해서도 자족하는 삶을 배울 수 있습니다. 다윗은 시편 23편 1-2절에서 "여호와는 나의 목자시니 내게 부족함이 없으리로다 그가 나를 푸른 풀밭에 누이시며 쉴 만한 물가로 인도하시는도다"라고 고백했습니다. 전능하신 하나님께서 나의 목자가 되시기에 더 바랄 것이 없습니다. 이것이 바로 신앙고백입니다.

목자가 양을 먹인다는 말씀은 목자는 양이 무엇을 필요로 하고 무엇을 먹어야 하는지를 다 알고 있다는 말씀입니다. 양이 양을 아는 것보다 목자가 양을 더 잘 알고 있습니다. 목자가 알아서 양을 쉴 만한 물가로 인도하여 시원하게 해주고 그 영혼을 소생케 합니다.

그러므로 양의 입장에서는 전적으로 믿고 따르기만 하면 됩니다. 그의 선하심과 사랑을 알고 그의 능력과 지혜를 알고, 나아가서는 운명을 맡기고 따르는 것입니다. 걱정할 것도 없고 염려할 것도 없습니다. 사망의 음침한 골짜기로 다닐지라도 피해를 두려워하지 않습니다. 목자가 함께하기 때문에 만족하고 행복할 것입니다.

그런데 우리는 선한 길로 인도하시는 하나님을 전적으로 신뢰하지 못하기에 자족함이 없이 모든 기도의 내용도 청구서의 내용으로만 가득합니다. 우리는 모두 선한 양으로 나의 선택과 판단 능력을 반납하고 단순한 마음으로 목자를 따라가고 살아가면 됩니다. 다윗은 이와 같이 하나님에 대한 믿음이 있었기 때문에 어떤 상황 속에서도 만족함을 누릴 수 있었습니다.

결국 우리가 말하고 있는 탐욕은 나를 먹이시고 입히시고 기르시는 분이 하나님이라는 믿음과 신뢰가 없는 불신에서 비롯된다고 말할 수 있습니다. 이런 의미에서 본다면 "네 이웃의 소유를 탐내지 말라"는 말씀은 우리 인생의 주인 되시는 하나님 안에서 만족하며 살아가라는 말씀이며, 하나님에 대한 절대적인 신뢰와 믿음 없이는 지킬 수 없는 계명이라는 것을 알아야 합니다.

## 감사를 선택하는 사람

제10계명에서 "네 이웃의 집을 탐내지 말라"는 말씀은 이미 나에게 주어진 것에 자족할 뿐만 아니라 감사하며 살아가라는 말씀임을 알아야 합니다. 감사는 내 안에 있는 탐욕으로부터 자유하게 하는 힘이 있습니다. 사탄이 우리의 마음에서 감사 하나만 가져가면 인격과 삶은 그대로 탐욕으로 인하여 파괴적인 삶으로 무너지게 될 수 있습니다.

오늘을 사는 사람들이 오직 행복을 물질의 부유함에서 찾으려고 하기 때문에 끝없는 탐욕에 사로잡혀 방황하게 되고, 가정들이 파괴되는 아픔이 끊이지 않습니다. 모두가 물질만 사랑하고 의지하려는 가운데 허무함이 오게 되고 길을 잃어버리는 것입니다. 우리가 교회에 나오는 것은 내 영혼에 탐욕이 아닌 감사로 가득 채우기 위해서입니다. 행복은 멀리 있는 것이 아닙니다. 내 안에 있는 탐욕을 버리고 그 안에 감사의 마음을 채울 때 행복하게 되는 것입니다.

스캇 펙(Margan Scott Peck)은 정신과 의사이자 사상가입니다. 그의 저서 《아직도 가야 할 길》(The Road Less Travelled)은 12년간 베스트셀러를 기록하며 전 세계 수천만 독자에게 사랑을 받았습니다. 이 책은 심리학과 영성을 매우 성공적으로 결합시킨 중요한 책입니다. 이 책에서 우리를 감동시킨 유명한 문장은 "인생이란 선택의 연속이다"라는 것입니다. 이것은 '감사도 결국은 선택'이라는 것을 말하고 있습니다. 감사란 어떤 환경에서 그 환경과 결과로 그저 주어지는 것이 아니라는 말입니다. 즉, 우리가 어떤 환경에 있든지 감사하느냐 원망하느냐는 내가 선택하는 것입니다.

그러므로 감사는 환경의 결과가 아니라 항상 주어지는 연속적인 선택입니다. 그것이 내 인생의 운명을 만들어 가는 방향키가 되는 것입니다. 우리는 언제나 내 삶의 주변 환경들을 뛰어넘어 감사의 길을 선택해 나아가야 합니다. 그러므로 때로는 고난의 터널도 축복의 징검다리라는 것을 알고 감사하며 갈 수 있어야 합니다. 결국은 무엇을 가졌다고 만족을 누리는 문제가 아니라 삶의 자세의 문제이고, 어떤 사고의 선택을 하면서 사느냐의 문제입니다.

데살로니가전서 5장 18절에 "범사에 감사하라 이것이 그리스도 예수 안에서 너희를 향하신 하나님의 뜻이니라"고 했습니다. 원어에서 범사는 '앤 판티'라는 단어를 쓰고 있는데 환경과 관계없이 '무조건적으로' 감사하라는 뜻입니다. 이것은 무엇을 이루어 주셨거나 이루어졌기에 감사하는 감사가 아니라 어떤 환경 속에서도 '그러함에도 불구하고'의 감사를 말합니다. 언제나 감사를 선택하라는 것입니다.

이 말씀은 우리의 시간과 공간과 상황 속에 감사가 제외된 곳이 없어야 한다는 말씀입니다. 감사하지 않은 일이 하나도 없어야 합니다. 이렇게 우리 안에 감사의 마음이 견고할 때 탐심이 자리를 잡을 수가 없습니다. 우리는 내 안에 있는 감사의 마음에 더러운 먼지가 쌓이지 않도록 늘 깨끗하게 관리해야 합니다. 감사의 마음에 불평과 탐욕의 이끼가 끼지 않도록 항상 점검하며 살아야 합니다.

더 나아가서 탐욕에 무너지지 않는 진정한 감사의 고백은 천국에 소망을 두고 살아가는 데 있습니다. 우리가 잘 알고 있듯이 사도 바울은 하늘을 소유한 자로 항상 감사하며 살아갈 때 이 땅의 탐욕에 사로잡히지 않고 자유하며 살아갈 수 있었습니다.

그의 생애를 보면 역경과 위협과 굶주림, 감옥생활이 연속이었습니다. 말할 수 없는 고생의 연속이었습니다. 그러나 그가 쓴 신약성경 13권의 서신서들은 항상 하나님의 이름으로 문안한다는 말과 그다음이 하나님께 드리는 감사임을 봅니다. 그리고 감사하는 자가 되라고 권면하고 있습니다.

그의 생애는 감사의 생활이었습니다. 부유하고 여유가 있고 잘 살아서가 아닙니다. 사도 바울은 하루 종일 복음을 전한 뒤 돌아갈 따뜻하고 편안한 집이 있었던 것이 아닙니다. 그를 반겨 맞아 주는 아내와 자녀가 있었던 것도 아닙니다. 그는 결혼도 하지 않았습니다. 이곳저곳 다니면서 평생을 감옥에 들어가면서, 매를 맞으면서 갖은 박해와 위협, 서러움, 고난을 당하면서도 그는 감사했습니다.

바울이 하나님께 드린 것은 오직 감사였습니다. 고린도후서 12장을 보면 그에게 찌르는 가시가 있었지만 그는 언제나 하나님께 감사했습니다. 남은 생애를 통해 숨질 때까지 그는 감사했습니다. 건강하기 때문에, 여유가 있기 때문에, 잘살기 때문에 감사한 것이 아닙니다. 그는 세상적으로 감사할 조건이 하나도 없었습니다. 그러나 그의 가슴속에는 예수님의 제자가 되어 복음을 전하고 천국의 사람이 된 것에 대한 믿음의 위대한 재산이 있었습니다.

사도 바울의 감사에는 세상이 주지 못한 하늘에 속한 자의 감사가 있었습니다. 이러한 감사가 그를 이 땅에서 탐욕으로부터 자유하도록 한 것입니다. 감사는 풍족함에서 오는 것이 아니라 하나님에 대한 믿음과 하늘의 소망에서 오는 것입니다. 우리의 삶 속에 하늘을 소유한 자로서 오직 감사가 탐욕의 길을 차단시키는 창과 방패임을 기억하고, 내 안에 자라고 있는 탐욕과의 싸움에서 믿음의 승리자가 되기를 바랍니다.

십계명의 마지막 계명인 "네 이웃의 것을 탐내지 말라"고 하신 말씀은 마음을 잘 지켜야 십계명의 처음과 끝을 온전히 완성하는 것을 의미하고 있습니다. 10계명은 죄를 짓게 하는 근본적인 마음에 관한 계명으로, 내면의 탐욕을 금지하고 있습니다. 잠언 4장 23절을 보면 "모든 지킬 만한 것 중에 더욱 네 마음을 지키라 생명의 근원이 이에서 남이니라"고 했습니다. 우리는 무엇보다 생명의 근원이 되는 내 마음을 지켜야 합니다.

하나님께서 우리에게 무엇보다 마음을 지키라고 하신 것은 마음에서 생명의 근원이 흘러나오기 때문입니다. 우리의 마음은 생명이 흘러나오는 샘과 같습니다. 모든 것이 마음에서 시작되기 때문입니다. 선한 일을 도모하는 것도 마음에서 시작되고, 악한 일을 도모하는 것도 마음에서 시작됩니다. 위대한 역사도 한 사람의 마음에서 시작되고, 불행한 역사도 한 사람의 마음에서 시작됩니다. 하나님은 마음을 귀하게 여기십니다.

> "여호와께서 사무엘에게 이르시되 그의 용모와 키를 보지 말라 내가 이미 그를 버렸노라 내가 보는 것은 사람과 같지 아니하니 사람은 외모를 보거니와 나 여호와는 중심을 보느니라 하시더라"(삼상 16:7).

사무엘이 다윗을 왕으로 세울 때에도 하나님께서는 용모와 신장을 보지 말라고 하셨습니다. 마음이 중요한 것입니다. 마음이 위대한 인물을 만들어 가기도 하고, 마음이 추하고 더러운 사람으로 만들어 가기도 합니다. 마음에는 양면이 있다는 것을 알아야 합니다. 세상의 그 무엇보다 마음이 깨끗하고 정결해야 하나님 앞에서 좋은 그릇으로 쓰임을 받는 것입니다. 우리의 마음을, 심령을 언제나 잘 지켜야 합니다.

폼페이는 남이탈리아 캄파니아 지방 나폴리에서 남동쪽으로 20여km 떨어진 곳에 있는 고대 유적으로, 로마 시대 때 가장 화려했던 항구 도시였습니다. 그러나 AD 79년 8월 24일 오후 1시경 굉음과 함께 베수비오 화산이 폭발하면서 수백만 톤의 화산 폭발 잔해물이 도시 위로 쏟아졌고, 도시와 사람 모두 다 한순간에 잿더미에 묻히고 말았습니다. 화산 폭발로 단 18시간 만에 도시 전체가 사라진 것입니다.

1748년 이탈리아 남부에서 땅속에 묻힌 도시가 발견되어 발굴했을 때 수많은 사실이 세상에 알려졌습니다. 그동안 250년 넘게 발굴이 진행되었지만 여전히 폼페이 유적의 절반은 땅에 묻힌 채 2천 년 전의 비밀을 간직하고 있습니다. 물리학자에 의하면 화산 폭발에서 나온 에너지는 히로시마 원폭의 10만 배에 가까운 힘이라고 합니다.

그림자 하나 없이 그 시간 그대로 멈춰 버렸습니다. 로마 시대에 가장 화려했던 항구 도시 폼페이는 귀족들의 휴양지였습니다. 그 먼 과거에도 로마의 귀족들은 이런 환상적인 휴양지에서 향락적인 삶을 즐기고 있었던 것입니다. 그들은 허구한 날 부어라 마셔라 하는 것도 모자라 산해진미가 가득한 대형 식탁 옆에는 배를 두드리며 마냥 먹고 토할 수 있는 용기까지 마련해 두었다고 합니다. 그러나 그 향락의 기쁨은 3만 명 가까운 인구들이 사는 한 도시를 완전히 삼켜 버리는 것으로 종지부를 찍었습니다.

그 많은 충격적인 장면들 중의 하나는 발굴된 어떤 감옥에서 나타난 일입니다. 그 감방에는 네 명의 죄수들이 있었는데, 그들은 모두 큰 기둥에 매어 있는 쇠사슬에 발목이 묶여 있었습니다. 화산이 터져서 바윗덩어리들과 용암의 분출물이 가까이 왔을 때에, 보초들과 간수들은 다 도망갔으며 감옥 문도 열렸고, 발목을 풀 수 있는 열쇠도 죄수들 앞에 던져져 있었지만, 그 네 명의 죄수들은 발목이 그대로 쇠사슬에 묶인 채로 죽어 있었던 것입니다. 그들은 미친 듯이 소리를 치며 손을 뻗어 보았으나 손가락 하나의 거리가 모자라서 그 열쇠를 잡지 못하고 드디어 용암의 분출물이 닥쳐들어 그대로 손을 뻗친 채로 비명과 함께 죽었던 것입니다.

오늘날 교회와 교인들이 너무나 세속화되어 마음이 타락해져 가고 하나님의 참 거룩성을 상실한 채 구원에서 겨우 한 치가 모자라는 안타까움을 주지 않을까 하는 염려가 되는 시대입니다.

이 폼페이 기사를 통하여, 마음을 지키지 못해 세속화되고 탐욕으로 타락하여 하나님의 참 거룩성을 상실하고 살아갔던 그들처럼 폼페이의 향락을 좇아가려는 우리에게 다시 한 번 어떻게 살아야 하는지 마음의 창을 두드리시는 주의 음성으로 들을 수 있어야 합니다. 하나님을 가까이함으로 내 안에 마음 깊은 곳에서 거룩함이 회복될 수 있어야 합니다.

결론적으로 빌립보서 2장 5절에 "너희 안에 이 마음을 품으라 곧 그리스도 예수의 마음이니"라고 말씀하고 있습니다. 우리는 탐욕으로 얼룩진 마음이 아니라 예수님의 마음을 품고 살아야 합니다. 우리의 마음에 예수님이 왕이 되어 좌정하시면 탐욕은 사라지고 마음의 평강을 누리고 살아가게 될 것입니다.

우리의 마음의 정원을 잘 관리하여 내 안에 탐욕을 뽑아내고 내 마음 깊은 곳을 예수 그리스도로 채워서 생명의 샘물이 흐르게 해야 합니다. 우리 마음 안에 있는 탐욕의 잡초는 심지 않아도 저절로 잘 자라납니다. 자랄 뿐만 아니라 방치해 두면 좋은 씨앗이 자라는 것까지 막아 버립니다. 잡초는 힘이 세고 그 영향력이 무섭습니다. 내 마음을 지켜서 예수 그리스도를 내 마음의 왕좌에 모시고 마음을 가꾸고 꽃을 피워 갈 수 있기를 바랍니다.

탐욕의 마음은 아무리 다른 사람의 것을 내 것으로 가져도 채워지지 않습니다. 받아도 채울 수 없는 것이 탐욕입니다. 우리는 탐욕의 감옥에 갇히지 말고 주님의 마음을 내 안에 채우는 거룩한 욕심만이 나를 주장하게 해서 탐욕으로부터 자유함을 누릴 수 있어야 합니다.

우리의 마음에 누가 계십니까? 주님이 계십니까? 오늘 이 시대에 우리 모두가 마음을 향하여 물밀 듯이 밀려오는 세상의 탐욕과 불의와 악함의 파도를 물리치고, 깨끗한 마음으로 주님과 함께 살아가는 복된 생애가 되기를 바랍니다.

 눈물이 나도록 살아라 (Live to the point of tears)

알베르 카뮈의 "눈물이 나도록 살아라"는 명언이 영국의 극작가가 죽음을 앞두고 남긴 글의 제목이 되어 SNS와 블로그에 퍼지면서 모든 이들에게 인생의 의미를 뒤돌아보게하는 글이 되었습니다.

영국의 극작가였던 샬롯 키틀리(Charlotte Kitley)는 다섯 살, 세 살 난 아이들의 엄마입니다. 그녀는 서른여섯 살에 대장암 4기 진단을 받았으며 간과 폐로 전이되었습니다. 대장과 간의 종양을 제거하기 위해 두 번 수술을 받았고, 25차례의 방사선 치료, 39번의 끔찍한 화학요법 치료도 견뎌냈지만 죽음은 끝내 그녀를 놓아주지 않았습니다. 그녀는 결국 2014년 9월 16일에 세상을 떠났습니다. 아래의 글은 그녀가 마지막으로 블로그에 남긴 내용입니다.

"살고 싶은 날이 저리 많은데, 저한테는 허락되지 않네요. 내 아이들 커가는 모습도 보고 싶고, 남편에게 못된 마누라도 되면서 늙어 보고 싶은데, 그럴 시간을 안 주네요. 살아 보니 그렇더라구요. 매일 아침 아이들에게 일어나라고, 서두르라고, 이 닦으라고 소리소리 지르는 나날이 행복이었더군요.

살고 싶어서, 해보라는 온갖 치료 다 받아 왔어요. 기본적 의학 요법은 물론, 기름에 절인 치즈도 먹어 보고 쓰디쓴 즙도 마셔 봤습니다. 침도 맞았지요. 그런데 아니더라고요. 귀한 시간 낭비라는 생각이 들었어요.

장례식 문제를 미리 처리해 놓고 나니 매일 아침 일어나 내 새끼들 껴안아 주고 뽀뽀해 줄 수 있다는 게 새삼 너무 감사하게 느껴졌어요. 얼마 후 나는 그이의 곁에서 잠을 깨는 기쁨을 잃게 될 것이고, 그이는 무심코 커피 잔 두 개를 꺼냈다가 커피는 한 잔만 타도 된다는 사실에 슬퍼하겠지요. 딸 아이 머리 땋아 줘야 하는데……, 아들 녀석 잃어버린 레고의 어느 조각이 어디에 굴러 들어가 있는지는 저만 아는데……, 그건 누가 찾아줄까요.

6개월 시한부 판정을 받고 22개월 살았습니다. 그렇게 1년을 보너스로 얻은 덕에 아들 초등학교 입학 첫날 학교에 데려다 주는 기쁨을 품고 갈 수 있게 되었습니다. 녀석의 첫 번째 흔들거리던 이가 빠져 그 기념으로 자전거를 사주러 갔을 때는 정말 행복했어요. 보너스 1년 덕분에 30대 중반이 아니라 30대 후반까지 살고 가네요.

중년의 복부 비만이요? 늘어나는 허리둘레, 그거 한번 가져 봤으면 좋겠습니다. 희어지는 머리카락이요? 그거 한번 뽑아 봤으면 좋겠습니다. 그만큼 살아남는다는 얘기잖아요. 저는 한번 늙어 보고 싶어요.

부디 삶을 즐기면서 사세요. 두 손으로 삶을 꽉 붙드세요. 여러분이 부럽습니다."

이 글을 대하면서 무슨 생각을 하게 됩니까? 우리가 살아 있다는 것 자체가 하나님의 은혜임을 잊지 말고, 영원히 살 수 있는 것이 아님도 잊지 말아야 합니다. 우리는 항상 살아 있는 것에 늘 감사하면서 나와 가족들, 이웃들, 만나는 사람들, 주변을 지나는 동물들, 피어나는 식물들, 이 세상 전부를 사랑하며 살아가야 합니다.

더 나아가서 욕심과 탐욕에 빠져 살지 말고 모든 것을 용서하고 긍휼히 여기는 마음으로 세상을 살아가기를 바랍니다. 그리하여 내가 머무는 자리마다 하나님 나라를 아름답게 꽃피우기를 소망합니다.

## 생명의 동산

시내 산 정상에

펼쳐진 구름 언덕

사람의 생명 소리 없는 곳

동물의 울음소리 없는 곳

광야의 바람 소리만 머무는 곳

오직 하나님의 음성만 들리는 자리

하나님과의 만남 속에

광야에 꽃이 피고 새가 우는

생명의 동산이 되었네.

- 시내 산 정상에서 김호진 목사

**저자 김호진**

김호진 목사는 연세대학교 대학원을 졸업하고
미국 풀러신학대학원에서 목회학 박사학위를 받았습니다.
현재 군산영광여자고등학교 교목으로 섬기고 있는 그는
믿음의 다음 세대를 세우고자 하는 꿈과 비전을 가지고
행복한 미래에 살고 있는 사역자입니다.
교회사역은 선한교회 교육전도사, 유성교회 담임전도사,
전주연세교회 부목사, 광주월광교회 부목사로 섬겼으며
현재는 영안교회 목사로 섬기고 있습니다.

**저서**
《행복한 동행》 2013년
《행복한 만남》 2014년

---

## 십계명_행복으로 가는 길

1판 1쇄 인쇄 _ 2015년 8월 21일
1판 1쇄 발행 _ 2015년 8월 31일

지은이 _ 김호진
펴낸이 _ 이형규
펴낸곳 _ 쿰란출판사

주소 _ 서울특별시 종로구 이화장길 6
편집부 _ 745-1007, 745-1301~2, 747-1212, 743-1300
영업부 _ 747-1004, FAX 745-8490
본사평생전화번호 _ 0502-756-1004
홈페이지 _ http://www.qumran.co.kr
E-mail _ qrbooks@gmail.com / qrbooks@daum.net
한글인터넷주소 _ 쿰란, 쿰란출판사
등록 _ 제1-670호(1988.2.27)
책임교열 _ 김유미·박은아

© 김호진 ISBN 978-89-6562-787-6 93230

책값은 뒤표지에 있습니다.
이 출판물은 저작권법에 의해 보호를 받는 저작물이므로 무단 복제할 수 없습니다.
파본(破本)은 구입처에서 교환해 드립니다.